READINGS IN INDONESIAN CULTURE
Bacaan Kebudayaan Indonesia
(Second Edition)

Malcolm W Mintz

Published by: Indonesian / Malay Texts and
Resources, Perth, Western Australia

First published 1996 under the EPB imprint,
SNP Pan Pacific Publishing

Cover design by: MW Mintz

ISBN 0 9580383 2 5

Set in Point 11/12 ZapfEllipt Roman BT

Printed by: Uniprint, Perth, Western Australia

Kepada
For

Habibah Chesi and Phillip Thomas

About the Author

Malcolm Mintz received his PhD in Linguistics at the University of Hawaii where he also did a minor in Southeast Asian Studies. Subsequently he spent three years teaching Linguistics at University Sains Malaysia in Penang and, until recently, was employed at Murdoch University where he developed and coordinated a program of Malay and Indonesian language. Currently Dr. Mintz is an Honorary Research Fellow in the Department of Asian Studies, University of Western Australia. Dr Mintz has also taught in the United States, the Philippines and Papua New Guinea. He carries out research on Malay and Indonesian as well as the Philippines and has published a number of books and articles related to these areas.

Other Indonesian / Malay Books by the same author

A Course in Conversational Indonesian
A Course in Conversational Malay
An Indonesian and Malay Grammar for Students
Guided Writing for Students of Indonesian and Malay
Listening Comprehension - Selections from Malaysian and Indonesian History

Your suggestions and comments are welcome

If you have suggestions or comments on how to improve this text so that it will be more useful to you as a teacher or learner, please feel free to contact the author at the following address:

Postal address: c/- Department of Asian Studies
University of Western Australia
Crawley WA 6009 Australia

Telephone and Fax: +61 8 9459 0119

PENGHARGAAN
Acknowledgments

The reading selections which appear in this text were chosen and adapted in minor ways from readings in the following book.

Koentjaraningrat (ed). 1990. *Manusia dan Kebudayaan di Indonesia*, Jakarta: Penerbit Djambatan

A total of 12 readings by different authors have been chosen. Each reading is clearly acknowledged in the text. The readings and their authors are as follows.

Harsojo. *Kebudayaan Sunda*, Universitas Padjadjaran
I Gusti Ngurah Bagus. *Kebudayaan Bali*, Universitas Udayana
J. Danandjaja. *Kebudayaan Penduduk Kalimantan Tengah*, Universitas Indonesia
Kodiran. *Kebudayaan Jawa*, Universitas Gadjah Mada
Koentjaraningrat. *Kebudayaan penduduk pantai utara Irian Jaya*, Universitas Indonesia
Mattulada. *Kebudayaan Bugis-Makassar*, Universitas Hasanuddin
N.S. Kalangie. *Kebudayaan Minahasa*, Universitas Indonesia
Pajung Bangun. *Kebudayaan Batak*, IKIP Medan
Puspa Vasanty. *Kebudayaan Orang Tionghoa di Indonesia*, Universitas Indonesia
Subyakto. *Kebudayaan Ambon*, Universitas Indonesia
Teuku Sjamsuddin. *Kebudayaan Aceh*, Universitas Syah Kuala
Umar Junus. *Kebudayaan Minangkabau*, Universitas Malaya

Permission to use these materials has been granted by the copyright holders.

I would like to thank Peter McCall and Habibah Chesi for their comments and suggestions on the readings, and Gaynor Dawson for initially suggesting *Manusia dan Kebudayaan di Indonesia* as a possible text of interest to students of Indonesian. I would also like to thank Suharsono for reading and commenting on the discussion questions which accompany each reading selection, and Zifirdaus Adnan for doing the same with the paraphrase exercises. I would also like to thank my wife Rosemary Shantha for compiling the glossary which appears at the end of the text.

The recordings which accompany this text were made at Radio Irama Adinada in Solo, Central Java. I would like to thank the readers, Ricky Yanto, Isty Wahyono and Ina Kusuma, the technician Mas A'an, and the overall coordinator of the recordings, Hans Beutenmuller for the time and effort put into making these recordings. I would also like to thank Erna Webber for recording one of the selections in Perth, and the staff of the Multimedia Centre at the University of Western Australia who helped with production of the CD's: Leitha Delves, Shaun Procter, Mark Gosford and Mike Fardon.

To the right of each reading selection is a list of vocabulary items which may not be known to the student. This list undoubtedly has more vocabulary items than any one student will need to consult. A wide range of vocabulary items has been included deliberately to serve students who come to this text from a variety of language learning backgrounds.

Line numbers at intervals of 5 appear to the left of each reading selection to make it easier to identify specific lines during class discussion or when questions arise which need to be referred back to a specific context.

LATIHAN Exercises

Each reading selection is accompanied by a set of ten exercises. Eight of these exercises relate to the regular form of the reading, and two relate to the extended form. The exercises are divided into three groups: *Tatabahasa* [Grammar], *Pemahaman* [Comprehension] and *Pembicaraan* [Discussion]. Exercises dealing with reading and recognition skills predominate.

The exercises allow a thorough examination of a finite set of readings from the aspects of grammar, comprehension and general discussion. It is important for students to work carefully through each exercise. Working with the reading text in such a way will reduce the need for memorisation and lead to genuine learning and long-time retention of the material read.

TATABAHASA Grammar

The first two exercises of each set are grammar exercises. One of these exercises deals primarily with word form and function. The other deals with syntactic devices such as linkers and conjunctions which enable the joining of phrases and clauses into longer utterances.

Included in first group of grammar exercises are the verbal prefixes such as *di-* (passive), *ber-* and *meng-* (active), the suffixes *-kan* and *-i*, and the verbal and adjectival prefix *ter-*; the nominal affixes *per--an, peng--an, ke--an* and *-an* and the agent prefix *peng-*. Also included in this section is the relative pronoun *yang*.

In the second group of grammar exercises are words which define or show equivalence such as *merupakan* and *adalah*; words which indicate a listing or choice of alternatives such as *ialah / yaitu, salah satu dari, terdiri dari* and *baik ... maupun*; words which show equivalence, *sebagai*, and similarity, *seperti*; subordinating conjunctions such as *bahwa* [that], *di samping* [besides] and *walaupun* [although]; and the completed aspect marker *pernah*.

The following are sample grammar exercises.

1. You are given 10 utterances and a list of ten words prefixed with *ber-* chosen from Lessons 1 and 2.

(a) Fill in the blanks with the appropriate word.

(b) Translate each utterance into English.

(c) State one function of the *ber-* prefix and refer to one of the following utterances to support your statement.

ber<u>s</u>atu	ber<u>l</u>adang	ber<u>deret</u>-deret	ber<u>b</u>eda
ber<u>kelompok</u>	ber<u>b</u>ahaya	ber<u>diam</u>	ber<u>b</u>aris
ber<u>gotong-royong</u>			ber<u>g</u>una

1. Kadang-kadang di antara penduduk dalam satu lingkungan daerah Kabupaten terdapat pula logat bahasa yang _____.

2. Rumah-rumah di Aceh didirikan _____.

3. Rumah-rumah yang penghuninya mempunyai hubungan kerabatan dibangun _____.

4. Kadang-kadang rumah itu _____ dengan hanya dibatasi oleh dinding penghalang.

5. Setiap rumah biasanya mempunyai halaman yang ditanami dengan tumbuh-tumbuhan _____.

6. Penduduk Kalimantan Tengah _____ di desa-desa sepanjang sungai-sungai besar dan kecil.

7. Kami hanya akan bicarakan cara _____ dari tiga suku bangsa penduduk asli saja, yaitu Ngaju, Ot-Danum dan Ma'anyan.

8. Pekerjaan ini dilakukan secara _____.

9. Para laki-laki _____ di muka sambil menusuk-nusuk tanah dengan tongkat tugalnya.

10. Alat ini sering diberi racun sehingga merupakan alat yang amat _____.

2. The following is a model utterance with an underlined structure chosen from Lesson 2.

> *Aceh <u>merupakan</u> propinsi yang paling ujung letaknya di sebelah utara pulau Sumatra.*
>
> *Merupakan*, which literally means "to form" or "to be in the form of", shows both equivalence and similarity. In the example above it shows equivalence. *Aceh <u>is</u>* the northernmost province in Sumatra. This function may also be shown by *adalah* which is discussed in Lesson 3.

Describe the following words or phrases using the underlined structure presented above. Complete the utterance with relevant information obtained from the reading selection in Lesson 2. The first utterance is presented as an example.

1. Bahasa Aneuk Jamee *<u>merupakan</u> bahasa dari orang-orang dari Aceh Selatan dan Aceh Barat.*

2. Sistem huruf orang Aceh _____

3. Rumah orang Aceh _____

4. Halaman rumah orang Aceh _____

5. Kelapa, jeruk, pisang dan sebagainya _____

PEMAHAMAN   Comprehension

Each Reading selection has six exercises which may generally be called *pemahaman* [comprehension]. The first exercise in this group looks at synonyms. The following is an example:

Synonyms:

3. You are given 10 utterances chosen from Lesson 2. First read each utterance carefully, paying particular attention to the underlined word or words. Then write a word or phrase with the same or closest similar meaning in the space provided. You may choose these words from the following list, or use any other relevant words of your own choice.

selain	liar	satu sama lain	keperluan
guru	sering	dibangun	kelihatannya
waktu			kebanyakan

1. Bermacam-macam nama yang diberikan kepada daerah Aceh sering <u>tampaknya</u> tidak ada hubungan satu sama lain.

    1. _____

2. Masing-masing pembicara bahasa-bahasa Aceh <u>saling</u> tidak dapat mengerti.

    2. tidak dapat mengerti
    _____

3. <u>Di samping</u> itu, masing-masing daerah Kabupaten mempunyai logat bahasanya sendiri.

    3. _____

4. Sistem huruf yang khas kepunyaan orang-orang Aceh <u>zaman</u> dahulu tidak ada.

    4. _____

5. Sampai saat ini huruf Arab-Melayu, yang disebut orang Aceh huruf Jawoe, <u>banyak</u> digunakan di kalangan orang-orang tua.

    5. _____

6. Di kalangan muda yang <u>sebagian besar</u> mengikuti pendidikan modern, maka huruf Jawoe hampir tidak dikenali lagi.

    6. _____

7. Rumah orang Aceh <u>didirikan</u> di atas tiang kayu atau bambu berdasarkan kepada kemampuan orang.

    7. _____

8. Tujuannya semata-mata dulunya adalah untuk menghindari diri dari serangan binatang <u>buas</u> dan banjir.

    8. _____

9. Setiap rumah biasanya mempunyai halaman yang ditanami dengan tumbuh-tumbuhan yang dapat membantu keluarga dalam menutupi <u>kebutuhan</u> sehari-hari.

    9. _____

10. Ayah tidak mempunyai tugas sebagai <u>pendidik</u> kepada anak-anaknya.

    10. _____

The second exercise asks students to write definitions. Model formats are given for various types of definitions in Lessons 1 and 6. Students are asked to write general definitions, definitions which are illustrated by example or function, and definitions which compare and contrast paired sets of vocabulary items. The following is an example:

Definitions:

4. Explain the meanings of the following words or phrases. Write complete sentences in Indonesian and present an example from the text as an illustration. Set out your definitions according to one of the following models. The first definition is presented as an example.

> *Rumah tangga (adalah / ialah) ... . Contohnya ... .*
> *Arti rumah tangga (adalah / ialah) ... . Sebagai contoh ... .*
> *Rumah tangga berarti ... . Contohnya ... .*

1. rumah tangga: *Arti rumah tangga ialah suatu keluarga yang tinggal bersama dalam satu rumah. Contohnya, laki-laki dan wanita dalam keluarga orang Dayak.*

2. penduduk asli: _____
3. pendatang: _____
4. tetangga: _____
5. kelompok gotong royong: _____
6. anggota: _____

The synonym and definition exercises appear in each Lesson. There is another set of four exercises which appear alternately throughout the lessons. These exercises are Sentence Completion, Sentence Sequencing, Gap Filling and Paraphrasing. Each of these appear three times in every four lessons. It is important that students do not refer to the reading selection while attempting the Sentence Completion, Sentence Sequencing and Gap Filling exercises. These may be checked after the exercise is completed.

Sentence Completion:

5. Complete the sentences in the first column by selecting an appropriate ending from the second column. Write the letter of that sentence ending in the space provided.

1. ___ Bahasa-bahasa Aceh seperti bahasa-bahasa lain di Indonesia termasuk   A. dari orang-orang dari Aceh Selatan dan Aceh Barat.

2. ___ Bahasa Gayo-Alas diucap-kan

3. ___ Bahasa Aneuk Jamee khusus merupakan bahasa

4. ___ Bahasa Tamiang yang di-ucapkan oleh kira-kira se-puluh persen dari orang Aceh tersebar di dekat

5. ___ Bahasa Aceh yang diucap-kan oleh 70 persen dari orang Aceh

B. daerah Aceh sendiri ada beberapa bahasa.

C. ialah bahasa penduduk Aceh Timur, Aceh Utara, Pidie dan sebagian penduduk Aceh Barat.

D. rumpun-rumpun bahasa Austro-nesia.

E. perbatasan Aceh dengan Sumatra Timur.

F. antara penduduk dalam satu ling-kungan daerah Kabupaten terdapat pula logat bahasa yang berbeda.

G. oleh penduduk Aceh Tengah.

Sentence Sequencing:

6. Rearrange the following utterances so that they are in the correct order. Place the numbers 1-5 in the spaces provided to show the order you have chosen.

A. ___ Sampai saat ini tulisan-tulisan inilah yang banyak digunakan di kalangan orang-orang tua.

B. ___ Tulisan-tulisan Aceh menggunakan huruf Arab-Melayu setelah datang-nya agama Islam di Aceh.

C. ___ Di kalangan muda yang sebagian besar mengikuti pendidikan modern, maka huruf ini hampir tidak dikenali lagi.

D. ___ Orang Aceh menyebut huruf Arab-Melayu itu huruf Jawoe.

E. ___ Sistem huruf yang khas kepunyaan orang-orang Aceh asli zaman dahulu tidak ada.

Gap Filling:

7A. Fill in the blanks in the following passage with the appropriate words. Choose these words from the following list. Use each word only once. Two words are extra and do not fit the selection.

penghuninya	tujuannya	kadang-kadang
ditanami	berdasarkan	dibatasi
berkelompok	mengenal	didirikan
menghindari	kerabatan	kesenangan

Rumah orang Aceh 1 _____ di atas tiang kayu atau bambu 2 _____ kepada kemampuan orang. 3 _____ semata-mata dulunya adalah untuk 4 _____ diri dari serangan binatang buas dan banjir. Rumah-rumah di Aceh didirikan 5 _____ Rumah-rumah yang 6 _____ mempunyai hubungan 7 _____ dibangun berderet-deret. 8 _____ rumah itu bersatu dengan hanya 9 _____ oleh dinding penghalang. Setiap rumah biasanya mempunyai halaman yang 10 _____ dengan tumbuh-tumbuhan yang berguna.

Paraphrasing:

7B. Read the utterances in the first column, then look for an utterance in the second column that has the same meaning or the closest similar meaning. Write the letter of that utterance in the space provided.

1.	___ Berladang adalah suatu pekerjaan yang memakan banyak sekali tenaga.	A.	Disebabkan itulah orang-orang telah membentuk kelompok-kelompok gotong royong.
2.	___ Untuk mengerjakannya penghuni dari suatu rumah tangga saja tidak mencukupi.	B.	Ada rumah tangga yang kekurangan tenaga kerja yang mendapat bantuan secara sukarela dari tetangga-tetangganya.
3.	___ Penghuni dari suatu rumah tangga harus memperoleh bantuan dari tetangga mereka.	C.	Orang harus bekerja banyak untuk menanam tanaman di ladang.
4.	___ Oleh karena itu telah dikembangkan suatu sistem kerja sama.	D.	Orang-orang saling menolong satu sama lain untuk membersihkan tempat berladang.
		E.	Suatu keluarga kekurangan anggota untuk menanam tanaman itu.
5.	___ Orang-orang secara bergiliran membuka hutan bagi ladang masing-masing anggota.	F.	Di dalam rumah tangga yang kekurangan tenaga kerja laki-laki, kaum wanitalah yang menggantikan pekerjaan kasar itu.
		G.	Suatu keluarga harus minta pertolongan dari orang yang tinggal di sekitar mereka.

The eighth exercise always refers to the extended form of the text. This exercise is marked with an asterisk (*). The tasks associated with this exercise vary from lesson to lesson. Commonly they deal with classification or the supplying of additional information to exemplify a given word or phrase. The following is an example.

8. Complete the following utterances by adding a phrase or set of phrases which serves to exemplify each. The first utterance is completed as an example.

1. Kepunyaan semua penduduk desa *adalah kebun-kebun di sekitar desa itu.*
2. Kegunaan rumah-rumah penduduk desa _____
3. Kewajiban setiap penduduk _____
4. Usaha anggota-anggota desa _____
5. Tugas rutin pada setiap hari Jumat _____
6. Mata pencarian pokok _____

PEMBICARAAN Discussion

There are two questions in the Discussion section of the exercises, one which deals with the regular form of the text and one with the extended form. These questions ask students to discuss certain aspects of the selection which they have read, and extend the discussion to their own society or country. Teachers should seek to further any discussion that develops naturally from interaction within the class.

When students attempt this section they should try as far as possible to express themselves in their own words and refrain from using the exact words and structures in the reading selection itself. The following are examples.

9. 1. Dengan pendapat Anda sendiri, jelaskan mengapa isolasi yang lama antara kelompok-kelompok yang semula menggunakan bahasa yang sama bisa menimbulkan bahasa-bahasa yang berbeda?
2. (a) Secara ringkas, lukiskan bentuk desa orang Aceh.
(b) Bagaimana bentuknya bisa berbeda dengan bentuk desa atau kota Anda?

10. 1. Bandingkan kegiatan orang Aceh untuk memajukan desanya dengan kegiatan penduduk di desa atau kota Anda. Sebutkan persamaan dan perbedaannya.
2. Apakah terdapat suatu sistem gotong royong di desa atau kota Anda? Pertahankan jawaban Anda.

DAFTAR KATA   Glossary

The Glossary comprises an alphabetical listing of all the vocabulary items listed in the reading selections, and the new vocabulary items introduced in the Exercises. These words are marked with an "E". Also included is the number of the reading selection where the word first appeared.

Vocabulary items are presented in two ways. They are listed alphabetically following the form in which they occur in the reading selection. The root word is underlined. When the root word changes form due to the addition of particular prefixes, the full form of the root is shown in parenthesis.

di<u>nyanyi</u>kan 11 to be sung
di<u>pakai</u> 4 *to be used*
di<u>pandang</u> 4 to be seen as

pe<u>main</u> 11E player, actor
pe<u>makai</u> (pakai) 12 *the users*
pe<u>makai</u>an (pakai) 5 *the use of*
pe<u>matang</u> 5 dyke, bund

Vocabulary items are also listed by their root words. The three entries exemplified above also appear as follows:

pakai: di<u>pakai</u> 4 *to be used*; **pe<u>makai</u>** 12 *the users*; **pe<u>makai</u>an** 5 *the use of*

RAKAMAN   **Recordings**

Each reading selection is recorded on an audio CD. Readings 1-6 are recorded on CD1 and Readings 7-12 on CD2. Each reading is further divided and recorded on 4 separate tracks. Readings in each section begin on Track 1. This and subsequent tracks are marked in the text with the symbol ▶ found at the right margin on the line preceding the recorded section. This symbol is followed by the CD number, 1 or 2, and the track number in parenthesis, a number from 1 to 24. The following is an example.

BACAAN 1

MATA PENCARIAN PENDUDUK KALIMANTAN TENGAH
The Livelihood of the Inhabitants of Central Kalimantan

1	▶ *CD1 (1)* Kalimantan Tengah adalah salah satu dari propinsi-propinsi Republik Indonesia yang terletak di Pulau Kalimantan.	**mata pencarian** *livelihood* **penduduk** *inhabitants* **adalah** to be (is, are; was, were) **salah satu dari** *one of the*
21	**Berladang** ▶ *CD1 (2)* Berladang adalah suatu pekerjaan yang memakan banyak sekali tenaga.	**suatu** *a* **memakan** *to consume, use* **tenaga** *energy*
60	▶ *CD1 (3)* Setelah itu tibalah masanya untuk mulai menanam (tanam), yaitu kira-kira pada bulan Oktober. Pekerjaan ini dilakukan secara bergotong-royong.	**menanam (tanam)** *to plant* **kira-kira** *about, approximately*
100	▶ *CD1 (4)* * Di samping padi, orang Kalimantan Tengah juga menanam tanaman-tanaman lain di ladang-ladang mereka.	**di samping** *besides*

A concordance between recording and track number may also be found on the back of the CD case.

BACAAN
Readings

BACAAN 1

MATA PENCARIAN PENDUDUK KALIMANTAN TENGAH
The Livelihood of the Inhabitants of Central Kalimantan

▶ *CD1 (1)*

Kalimantan Tengah adalah salah satu dari propinsi-propinsi Republik Indonesia yang terletak di Pulau Kalimantan. Sebagian besar
5 penduduknya terdiri dari orang Dayak. Orang Dayak ini terbagi atas beberapa suku-bangsa seperti Ngaju, Ot Danum, Ma'anyan, Ot Siang, Lawangan, Katingan dan sebagainya. Mereka ini berdiam di desa-desa sepanjang sungai-sungai
10 besar dan kecil seperti sungai-sungai Barito, Kapuas, Kahayan dan Mendawai. *[p. 118]*

mata pencarian *livelihood*
penduduk *inhabitants*
adalah to be (is, are; was, were)
salah satu dari *one of the*
propinsi *provinces*
terletak *located*
pulau *island*
sebagian besar *a large part*
terdiri dari *comprises, consists of*
terbagi atas *are divided into*
suku bangsa *ethnic group*
sebagainya *and the like*
berdiam *live, reside*
desa *village*
sepanjang *along the length of*
sungai *river*

Penduduk Kalimantan Tengah, selain orang Dayak yang merupakan penduduk asli daerah itu, ada pula keturunan orang-orang pendatang.
15 Mereka ini adalah orang-orang Banjar, Bugis, Madura, Makassar, Melayu, Cina dan lain-lain. Dalam karangan ini kami tidak akan bicarakan kebudayaan penduduk pendatang itu. Kami hanya akan bicarakan cara berladang dari tiga
20 suku bangsa penduduk asli saja, yaitu Ngaju, Ot-Danum dan Ma'anyan. *[p.119]*

selain *besides*
merupakan *is, are; was, were (to be)*
penduduk asli *original inhabitants*
keturunan *descendants*
daerah *region, area*
pula *as well*
pendatang *immigrants*
karangan *essay, composition*
bicarakan *discuss, talk about*
kebudayaan *culture*
cara *way, method*
berladang *to cultivate unirrigated land*
yaitu *that is to say*

Figure 1: Penari Bertopeng, Bahau Dayak

Figure 3: Dangau

Figure 2: Sungai Kapuas

LATIHAN
Exercises

I   **TATABAHASA**   Grammar

1.1   You are given 10 utterances selected from Lesson 1 and a list of 10 passive verbs. Passive verbs in Indonesian are those beginning with the prefix *di-*

(a) Fill in the blanks with the appropriate passive verb.
(b) Translate each utterance into English.
(c) Make a general statement about the function of the passive verb and refer to one utterance to exemplify this statement.

dibiarkan   dikembangkan   dibuat   dilakukan
diruncingi   dilanggar   diberikan   dibakar
dihiraukan   dilindungi

1.   Oleh karena penghuni dari suatu rumah tangga tidak mencukupi untuk mengerjakan ladangnya, telah _____ suatu sistem kerja sama.

   _____

   _____

   _____

2.   Mereka sangat memperhatikan alamat-alamat yang _____ oleh burung atau binatang-binatang tertentu.

   _____

   _____

   _____

3.   Jika tanda-tanda ini tidak _____, maka bencana kelaparan akibat gagalnya panen akan menimpa desa.

   _____

   _____

   _____

4.   Setelah penebangan, batang-batang kayu, cabang, ranting serta daun-daunnya _____ mengering selama dua bulan.

_____

_____

_____

5. Setelah itu, seluruhnya tadi harus _____.

_____

_____

6. Ini harus _____ sebelum musim hujan sudah tiba.

_____

_____

7. Mereka memasukkan beberapa butir padi ke dalam lubang-lubang yang _____ oleh kaum laki-laki tadi.

_____

_____

_____

8. Ladang tadi perlu _____ dari gangguan binatang-binatang liar.

_____

_____

9. Perangkap yang digunakan terdiri dari setangkai bambu yang ujungnya _____ bagaikan tombak.

_____

_____

_____

10. Tombak ini dapat lepas secara otomatis apabila tali yang menghubunginya _____ binatang yang hendak memasuki ladang.

_____

_____

_____

1.2 The following is a model utterance with an underlined structure chosen from Lesson 1.

Kalimantan Tengah <u>adalah salah satu dari</u> propinsi-propinsi Republik Indonesia yang terletak di Pulau Kalimantan.

Salah satu dari indicates that what is being referred to is "one of" a set of things. The set that it belongs to follows in the utterance. In the utterance above, *Kalimantan Tengah* belongs to a set which includes the other Indonesian provinces on the island of Kalimantan. *Adalah* is discussed in Lesson 3.

Describe the following words or phrases using the underlined structure presented above. Complete the utterance with relevant information obtained from the reading selection in Lesson 1. The first utterance is presented as an example.

1. *Orang Ngaju <u>adalah salah satu dari</u> suku bangsa orang Dayak yang berdiam di Kalimantan Tengah.*

2. Sungai Barito _____

    _____

    _____

3. Orang Banjar _____

    _____

    _____

4. Membersihkan semak-semak _____

    _____

    _____

5. Babi hutan _____

    _____

    _____

II   PEMAHAMAN   Comprehension

1.3   You are given 10 utterances chosen from Lesson 1. First read each utterance carefully, paying particular attention to the underlined word or words. Then write a word or phrase with the same or closest similar meaning in the space provided. You may choose these words from the following list, or use any other relevant words of your own choice.

kerja sama	suka	kemudian	tidak mencukupi
sampai	tinggal	datanglah	mendapat
depan			dibuat

1.   Orang Dayak <u>berdiam</u> di desa-desa sepanjang sungai-sungai besar dan kecil seperti Barito, Kapuas, Kahayan dan Mendawai.

1.   _____

2.   Untuk mengerjakan ladang, penghuni dari suatu rumah tangga harus <u>memperoleh</u> bantuan dari tetangga mereka.

2.   _____

3.   Orang-orang membentuk kelompok <u>gotong-royong</u> yang terdiri dari 12-15 orang.

3.   _____

4.   Di dalam rumah yang <u>kekurangan</u> tenaga laki-laki, kaum wanitalah yang menggantikan pekerjaan kasar itu.

4.   _____

5.   Abu bekas pembakaran hutan dibiarkan sebagai pupuk. <u>Setelah itu</u> tibalah masanya untuk mulai menanam, yaitu kira-kira pada bulan Oktober.

5.   _____

6.   Pekerjaan menanam <u>dilakukan</u> secara ber-gotong-royong.

6.   _____

7.   Para laki-laki berbaris di <u>muka</u> sambil menusuk-nusuk tanah dengan tongkat tugalnya.

7.   _____

8.   Ladang perlu dilindungi dari gangguan binatang-binatang liar seperti kera yang <u>gemar</u> mencabut tanaman dalam ladang.

8.   _____

9. Perangkap yang digunakan terdiri dari setangkai bambu yang ujungnya diruncingi bagaikan tombak yang sering diberi racun <u>sehingga</u> merupakan alat yang amat berbahaya.

9. _____

10. Di antara bulan Februari dan Maret <u>tibalah</u> musim panen.

10. _____

1.4 Explain the meanings of the following words or phrases. Write complete sentences in Indonesian and present an example from the text as an illustration. Set out your definitions according to one of the following models. The first definition is presented as an example.

> *Rumah tangga (<u>adalah / ialah</u>) ... . Contohnya ... .*
> *<u>Arti</u> rumah tangga (<u>adalah / ialah</u>) ... . Sebagai contoh ... .*
> *Rumah tangga <u>berarti</u> ... . Contohnya ... .*

1. rumah tangga: *<u>Arti</u> rumah tangga <u>ialah</u> suatu keluarga yang tinggal bersama dalam satu rumah. Contohnya, laki-laki dan wanita dalam keluarga orang Dayak.*

2. penduduk asli: _____
   _____
   _____

3. pendatang: _____
   _____
   _____

4. tetangga: _____
   _____
   _____

5. kelompok gotong royong: _____
   _____
   _____

6. anggota: _____
   _____
   _____

1.5 Read the utterances in the first column, then look for an utterance in the second column that has the same meaning or the closest similar meaning. Write the letter of that utterance in the space provided.

1. ___ Berladang adalah suatu pekerjaan yang memakan banyak sekali tenaga.

2. ___ Untuk mengerjakannya penghuni dari suatu rumah tangga saja tidak mencukupi.

3. ___ Penghuni dari suatu rumah tangga harus memperoleh bantuan dari tetangga mereka.

4. ___ Oleh karena itu telah dikembangkan suatu sistem kerja sama.

5. ___ Orang-orang secara bergiliran membuka hutan bagi ladang masing-masing anggota.

A. Disebabkan itulah orang-orang telah membentuk kelompok-kelompok gotong royong.

B. Ada rumah tangga yang kekurangan tenaga kerja yang mendapat bantuan secara sukarela dari tetangga-tetangganya.

C. Orang harus bekerja banyak untuk menanam tanaman di ladang.

D. Orang-orang saling menolong satu sama lain untuk membersihkan tempat berladang.

E. Suatu keluarga kekurangan anggota untuk menanam tanaman itu.

F. Di dalam rumah tangga yang kekurangan tenaga kerja laki-laki, kaum wanitalah yang menggantikan pekerjaan kasar itu.

G. Suatu keluarga harus minta pertolongan dari orang yang tinggal di sekitar mereka.

1.6 Rearrange the following utterances so that they are in the correct order. Place the numbers 1-5 in the spaces provided to show the order you have chosen.

A. ___ Pembakaran ini harus dilakukan sebelum musim hujan sudah tiba.

B. ___ Setelah penebangan, batang-batang kayu, cabang, ranting serta daun-daunnya dibiarkan mengering selama dua bulan.

C. ___ Pada bulan Mei, Juni atau Juli orang menebang pohon-pohon di hutan.

D. ___ Abu bekas pembakaran tadi dibiarkan sebagai pupuk.

E. ___ Setelah itu, paling lambat pada bulan Agustus atau September, seluruhnya tadi harus dibakar.

1.7   Fill in the blanks in the following passage with the appropriate words. Choose these words from the following list. Use each word only once. Two words are extra and do not fit the selection.

ladang	amat	disebut	terdiri dari
sering	umumnya	diruncingi	memasuki
dilindungi	seperti	menghubunginya	secara

Di sekitar 1 _____ orang Dayak Kalimantan pada

2 _____ memasang perangkap. Perangkap

ini 3 _____ setangkai bambu yang ujungnya

4 _____ bagaikan tombak. Tombak ini dapat lepas

5 _____ otomatis apabila tali yang 6 _____

dilanggar binatang yang hendak 7 _____ ladang.

Alat ini oleh orang Ngaju 8 _____ *dondang*. Alat ini

9 _____ diberi racun sehingga merupakan alat yang

10 _____ berbahaya.

1.8*   Match the Indonesian words in the first column with their English equivalents in the second. Write the letter of the word in the second column in the space provided.

1. ___ ketan		A.	cassava
2. ___ nenas		B.	sweet potato
3. ___ tebu		C.	eggplant
4. ___ ubi kayu		D.	pineapple
5. ___ labu		E.	banana
6. ___ pisang		F.	sugar cane
7. ___ terung		G.	glutinous rice
8. ___ tembakau		H.	chilli
9. ___ cabe		I.	squash
10. ___ ubi rambat		J.	tobacco

III   PEMBICARAAN   Discussion

1.9   1.   (a) Jelaskan mengapa orang Dayak melihat tanda-tanda alam sebelum mulai membuka ladang.

(b) Tanda-tanda apa yang biasanya diperhatikan?

2.   (a) Apa yang dilakukan orang Dayak untuk menjaga pertumbuhan bibit di ladangnya?

(b) Binatang-binatang apa yang paling banyak mengganggu pertumbuhan tanaman di ladang?

3.   Bandingkan cara penanaman orang Dayak dengan cara penanaman di negara Anda. Sebutkan persamaan dan perbedaannya.

1.10*   1.   (a) Sebutkan tiga jenis padi yang ditanam di Kalimantan Tengah.

(b) Jelaskan kegunaan salah satunya.

2.   Bandingkan tanaman yang biasanya ditanam orang Kalimantan Tengah dengan tanaman yang terdapat di negara Anda. Mengapa tanaman itu sama atau berbeda?

3.   (a) Pohon apa yang biasanya ditanam di Kalimantan Tengah?

(b) Mengapa pohon karet yang ditanam di sana?

BACAAN 2

BAHASA DAN TULISAN, DAN BENTUK DESA ORANG ACEH
The Language and Writing, and Villages of the Acehnese

Bahasa ▶ *CD1 (5)*

Aceh merupakan propinsi yang paling ujung letaknya di sebelah utara pulau Sumatra. Bermacam-macam nama diberikan kepada daerah
5 Aceh. Nama itu sering tampaknya tidak ada hubungan satu sama lain. Dalam sejarah Melayu nama Aceh adalah Lam Muri. Marco Polo, seorang saudagar Venesia yang singgah di Peureulak dalam tahun 1292, menyebutnya
10 (sebut) Lambri. Kemudian orang Portugis mempergunakan nama Akhem. Orang Belanda mempergunakan nama Akhin sedangkan orang Aceh sendiri menyebut daerah mereka Aceh. *[p. 229]*

yang ... letaknya *whose location is*
paling ujung *the furthest extremity*
di sebelah utara *the northern part*
bermacam-macam *various*
tampaknya *it seems, appears as if*
hubungan *relationship*
satu sama lain *each other, one to the other*
sejarah *history*; **Sejarah Melayu** *Malay Annals*
saudagar *merchant*
Venesia *Venetian*
menyebutnya (sebut) *calls it*
mempergunakan *to use*
sedangkan *whereas*

Bahasa-bahasa Aceh seperti bahasa-bahasa lain
15 di Indonesia termasuk rumpun-rumpun bahasa Austronesia. Di daerah Aceh sendiri ada beberapa bahasa. Masing-masing pembicara bahasabahasa itu saling tidak dapat mengerti. Ini mungkin disebabkan, antara lain, karena isolasi
20 yang lama antara kelompok-kelompok yang mengucapkan bahasa-bahasa tersebut. *[p. 231]*

rumpun bahasa *language family*
Austronesia *Austronesian*
pembicaranya *its speakers*
saling *respectively, each other*
disebabkan *because of, due to*
isolasi *isolation*
mengucapkan *to speak*

Berdasarkan alasan di atas maka di Propinsi Aceh terdapat empat bahasa, yaitu: (i) Bahasa Gayo-Alas yang diucapkan oleh orang-orang
25 Gayo dan Alas, penduduk Aceh Tengah. (ii) Bahasa Aneuk Jamee yang khusus merupakan bahasa dari orang-orang dari Aceh Selatan dan Aceh Barat. Bahasa itu diucapkan oleh kira-kira

berdasarkan *based on*
alasan *reason*
maka *so, consequently*
terdapat *we get, is found*
diucapkan *to be spoken by*
khusus *especially, uniquely*
persen *percent*

4. Kadang-kadang rumah itu _____ dengan hanya di-
    batasi oleh dinding penghalang.

    _____

    _____

    _____

5. Setiap rumah biasanya mempunyai halaman yang ditanami dengan
    tumbuh-tumbuhan _____.

    _____

    _____

6. Penduduk Kalimantan Tengah _____ di desa-desa
    sepanjang sungai-sungai besar dan kecil.

    _____

    _____

7. Kami hanya akan bicarakan cara _____ dari tiga suku
    bangsa penduduk asli saja, yaitu Ngaju, Ot-Danum dan Ma'anyan.

    _____

    _____

    _____

8. Pekerjaan ini dilakukan secara _____.

    _____

    _____

9. Para laki-laki _____ di muka sambil menusuk-
    nusuk tanah dengan tongkat tugalnya.

    _____

    _____

    _____

10. Alat ini sering diberi racun sehingga merupakan alat yang amat
    _____.

    _____

    _____

2.2   The following is a model utterance with an underlined structure chosen from Lesson 2.

> *Aceh <u>merupakan</u> propinsi yang paling ujung letaknya di sebelah utara pulau Sumatra.*
>
> *Merupakan*, which literally means "to form" or "to be in the form of", shows both equivalence and similarity. In the example above it shows equivalence. *Aceh* **is** the northernmost province in Sumatra. This function may also be shown by *adalah* which is discussed in Lesson 3.

Describe the following words or phrases using the underlined structure presented above. Complete the utterance with relevant information obtained from the reading selection in Lesson 2. The first utterance is presented as an example.

1.   Bahasa Aneuk Jamee *<u>merupakan</u> bahasa dari orang-orang dari Aceh Selatan dan Aceh Barat.*

2.   Sistem huruf orang Aceh _____
     _____
     _____

3.   Rumah orang Aceh _____
     _____
     _____

4.   Halaman rumah orang Aceh _____
     _____
     _____

5.   Kelapa, jeruk, pisang dan sebagainya _____
     _____
     _____

II   PEMAHAMAN   Comprehension

2.3   You are given 10 utterances chosen from Lesson 2. First read each utterance carefully, paying particular attention to the underlined word or words. Then write a word or phrase with the same or closest similar meaning in the space provided. You may choose these words from the following list, or use any other relevant words of your own choice.

selain	liar	satu sama lain	keperluan
guru	sering	dibangun	kelihatannya
waktu			kebanyakan

1. Bermacam-macam nama yang diberikan kepada daerah Aceh sering <u>tampaknya</u> tidak ada hubungan satu sama lain.

    1. _____

2. Masing-masing pembicara bahasa-bahasa Aceh <u>saling</u> tidak dapat mengerti.

    2. tidak dapat mengerti
        _____

3. <u>Di samping</u> itu, masing-masing daerah Kabupaten mempunyai logat bahasanya sendiri.

    3. _____

4. Sistem huruf yang khas kepunyaan orang-orang Aceh <u>zaman</u> dahulu tidak ada.

    4. _____

5. Sampai saat ini huruf Arab-Melayu, yang disebut orang Aceh huruf Jawoe, <u>banyak</u> digunakan di kalangan orang-orang tua.

    5. _____

6. Di kalangan muda yang <u>sebagian besar</u> mengikuti pendidikan modern, maka huruf Jawoe hampir tidak dikenali lagi.

    6. _____

7. Rumah orang Aceh <u>didirikan</u> di atas tiang kayu atau bambu berdasarkan kepada kemampuan orang.

    7. _____

8. Tujuannya semata-mata dulunya adalah untuk menghindari diri dari serangan binatang <u>buas</u> dan banjir.

    8. _____

9. Setiap rumah biasanya mempunyai halaman   9. _____
   yang ditanami dengan tumbuh-tumbuhan
   yang dapat membantu keluarga dalam
   menutupi <u>kebutuhan</u> sehari-hari.

10. Ayah tidak mempunyai tugas sebagai   10. _____
    <u>pendidik</u> kepada anak-anaknya.

2.4   Explain the meanings of the following words or phrases. Write complete
sentences in Indonesian and present an example from the text as an
illustration. Set out your definitions according to one of the models
presented in Lesson 1.

1. rumpun bahasa: _____
   _____
   _____

2. logat bahasa: _____
   _____
   _____

3. pembicara bahasa: _____
   _____
   _____

4. sistem huruf: _____
   _____
   _____

5. buta huruf: _____
   _____
   _____

2.5   Complete the sentences in the first column by selecting an appropriate ending from the second column. Write the letter of that sentence ending in the space provided.

1. ___ Bahasa-bahasa Aceh seperti bahasa-bahasa lain di Indonesia termasuk

2. ___ Bahasa Gayo-Alas diucapkan

3. ___ Bahasa Aneuk Jamee khusus merupakan bahasa

4. ___ Bahasa Tamiang yang diucapkan oleh kira-kira sepuluh persen dari orang Aceh tersebar di dekat

5. ___ Bahasa Aceh yang diucapkan oleh 70 persen dari orang Aceh

A.   dari orang-orang dari Aceh Selatan dan Aceh Barat.

B.   daerah Aceh sendiri ada beberapa bahasa.

C.   ialah bahasa penduduk Aceh Timur, Aceh Utara, Pidie dan sebagian penduduk Aceh Barat.

D.   rumpun-rumpun bahasa Austronesia.

E.   perbatasan Aceh dengan Sumatra Timur.

F.   antara penduduk dalam satu lingkungan daerah Kabupaten terdapat pula logat bahasa yang berbeda.

G.   oleh penduduk Aceh Tengah.

2.6   Rearrange the following utterances so that they are in the correct order. Place the numbers 1-5 in the spaces provided to show the order you have chosen.

A.   ___ Sampai saat ini tulisan-tulisan inilah yang banyak digunakan di kalangan orang-orang tua.

B.   ___ Tulisan-tulisan Aceh menggunakan huruf Arab-Melayu setelah datangnya agama Islam di Aceh.

C.   ___ Di kalangan muda yang sebagian besar mengikuti pendidikan modern, maka huruf ini hampir tidak dikenali lagi.

D.   ___ Orang Aceh menyebut huruf Arab-Melayu itu huruf Jawoe.

E.   ___ Sistem huruf yang khas kepunyaan orang-orang Aceh asli zaman dahulu tidak ada.

2.7   Fill in the blanks in the following passage with the appropriate words. Choose these words from the following list. Use each word only once. Two words are extra and do not fit the selection.

penghuninya	tujuannya	kadang-kadang
ditanami	berdasarkan	dibatasi
berkelompok	mengenal	didirikan
menghindari	kerabatan	kesenangan

Rumah orang Aceh 1 _____ di atas tiang kayu atau bambu

2 _____ kepada kemampuan orang. 3 _____

semata-mata dulunya adalah untuk 4 _____ diri dari

serangan binatang buas dan banjir. Rumah-rumah di Aceh didirikan

5 _____. Rumah-rumah yang 6 _____

mempunyai hubungan 7 _____ dibangun berderet-

deret. 8 _____ rumah itu bersatu dengan hanya

9 _____ oleh dinding penghalang. Setiap rumah

biasanya mempunyai halaman yang 10 _____ dengan

tumbuh-tumbuhan yang berguna.

2.8*   Complete the following utterances by adding a phrase or set of phrases which serves to exemplify each. The first utterance is completed as an example.

1. Kepunyaan semua penduduk desa *adalah kebun-kebun di sekitar desa itu.*

2. Kegunaan rumah-rumah penduduk desa _____
    _____
    _____

3. Kewajiban setiap penduduk _____
    _____
    _____

4. Usaha anggota-anggota desa _____

    _____

    _____

5. Tugas rutin pada setiap hari Jumat _____

    _____

    _____

6. Mata pencarian pokok _____

    _____

    _____

III   **PEMBICARAAN**   Discussion

2.9   1. Dengan pendapat Anda sendiri, jelaskan mengapa isolasi yang lama antara kelompok-kelompok yang semula menggunakan bahasa yang sama bisa menimbulkan bahasa-bahasa yang berbeda?

          2. (a) Secara ringkas, lukiskan bentuk desa orang Aceh.
              (b) Bagaimana bentuknya bisa berbeda dengan bentuk desa atau kota Anda?

2.10*   1. Bandingkan kegiatan orang Aceh untuk memajukan desanya dengan kegiatan penduduk di desa atau kota Anda. Sebutkan persamaan dan perbedaannya.

          2. Apakah terdapat suatu sistem gotong royong di desa atau kota Anda? Pertahankan jawaban Anda.

BACAAN 3

RELIGI ORANG MINAHASA
The Religion of the Minahasa

▶ CD1 (9)

Orang Minahasa adalah suatu suku bangsa. Mereka mendiami suatu daerah pada bagian timur-laut jazirah Sulawesi Utara. Dalam ucapan
5 umum, orang Minahasa menyebut diri mereka orang Manado atau Touwenang (atau orang Wenang), orang Minahasa atau pula Kauwanua. Penduduk Minahasa dapat dibagi ke dalam delapan kelompok sub-etnik, yaitu Tounséa,
10 Toumbulu, Toulour, Tountemboan, Tounsawang, Pasan, Ponosakan dan Bantik. Setiap kelompok sub-etnik ini memiliki bahasa sendiri yang disebut dengan nama sub-etnik itu sendiri.

religi *religion*
mendiami *to inhabit, live in*
timur laut *northeast*
ucapan *expression*; **dalam**
ucapan umum *generally speaking*
umum *general*
diri mereka *themselves*
sub-etnik *sub-ethnic*
memiliki *has,, possesses*

Melayu Manado adalah bahasa umum yang
15 dipergunakan dalam komunikasi antara orang-orang dari suku sub-etnik Minahasa. Bahasa itu juga yang dipergunakan antara mereka dan suku-suku bangsa lainnya. Ia dipergunakan baik dalam lingkungan pergaulan kota maupun dalam
20 lingkungan pergaulan desa. Bahkan lebih dari itu, terutama di kota, secara umum terlihat orang-orang menggunakan Melayu Manado sebagai bahasa ibu. Bahasa itu telah menggantikan bahasa pribumi Minahasa atau bahasa suku
25 bangsa yang bersangkutan. *[p. 143]*

komunikasi *communication*
ia *it*
lingkungan *sphere*
pergaulan *social interaction*
terlihat *one sees*
bahasa ibu *native language*
pribumi *indigenous*
telah *has already*
bersangkutan *under consideration, relevant*

Religi

Orang Minahasa sekarang secara resmi telah memeluk (peluk) agama-agama Protestan, Katolik maupun Islam. Walaupun begitu, kepercayaan
30 pribumi masih dapat disaksikan pada orang Minahasa. Kepercayaan ini merupakan peninggalan (tinggal) sistem religi zaman dahulu sebelum berkembangnya agama Kristen. *p. 158]*

secara resmi *officially*
memeluk (peluk) *to embrace, adhere to*
Protestan *Protestant*
Katolik *Catholic*
maupun *as well as*
walaupun begitu *nevertheless*
kepercayaan *beliefs*
disaksikan *to be witnessed, seen*

peninggalan (tinggal) *remnants, remainder*
berkembangnya *the development of, spread of*
Kristen *Christianity*

35 Unsur-unsur religi pribumi terlihat dalam beberapa upacara adat yang dilakukan orang. Upacara ini berhubungan dengan peristiwa-peristiwa sekitar lingkaran hidup individu. Peristiwa itu termasuk masa hamil, kelahiran, perkawinan dan kematian.

unsur *elements*
berhubungan *is connected to; has a relationship to*
peristiwa *events*
lingkaran *sphere*
individu *individual*
masa *when, at the time of*
hamil *pregnant*
kelahiran *birth*
perkawinan *marriage*
kematian *death*

40 Dunia gaib sekitar manusia dianggap didiami oleh makhluk-makhluk halus. Makhluk-makhluk ini adalah seperti roh-roh leluhur yang baik maupun yang jahat, hantu dan kekuatan-kekuatan gaib lainnya. Usaha manusia untuk mengadakan 45 hubungan dengan makhluk-makhluk tersebut bertujuan supaya hidup mereka tidak diganggu, sebaliknya dapat dibantu dan dilindungi.

dunia *world*
gaib *hidden, supernatural*
manusia *humankind, people*
didiami *is inhabited by*
makhluk *creatures*; **makhluk halus** *supernatural creatures*
roh *spirit*
leluhur *ancestors, forefathers*
hantu *ghost*
kekuatan *power, force*
mengadakan *to establish*
bertujuan *with the aim, objective*
supaya *so that*
diganggu *to be disturbed, bothered*
sebaliknya *on the other hand, on the contrary*
dibantu *to be helped*

▶ *CD1 (10)*

Dalam mitologi orang Minahasa rupanya sistem 50 kepercayaan dahulu mengenal banyak dewa, salah satu ialah dewa tertinggi. Dewa oleh penduduk disebut *empung* atau juga *opo*, dan untuk dewa tertinggi disebut *Opo Wailan Wangko*. Rupanya dewa yang penting sesudah 55 dewa tertinggi tersebut ialah *Karéma*.

mitologi *mythology*
rupanya *appears to be*
dewa *gods*
tertinggi *highest*

Opo Wailan Wangko dianggap pencipta seluruh alam dan dunia dan segala isinya yang dikenal oleh manusia yang memujanya (puja). *Karéma* yang mewujudkan diri sebagai manusia dianggap
60 sebagai pembawa adat, khususnya cara-cara pertanian.

pencipta *creator*
seluruh *all of*
segala *all*
isinya *contents*
dikenal *to be known by*
memujanya (puja) *to worship it*
mewujudkan diri *to show itself*
pembawa *bringer*
khususnya *especially, particularly*
pertanian *agriculture*

Roh leluhur juga disebut *opo*, atau sering disebut *dotu*. Pada masa hidupnya dia seorang yang dianggap sakti dan juga sebagai pahlawan.
65 [p. 159]

sakti *divine power*
pahlawan *hero*

Ada kepercayaan bahwa opo-opo yang baik akan senantiasa menolong (tolong) manusia yang dianggap sebagai cucu mereka. Manusia ini harus menaati (taat) petunjuk-petunjuk yang
70 diberikan mereka. Kalau manusia melanggar petunjuk-petunjuk itu, mereka mungkin mengalami bencana atau kesulitan hidup akibat murka opo-opo. Boleh juga kekuatan sakti yang diberikan akan hilang. Di samping itu ada juga
75 opo-opo yang memberikan kekuatan sakti untuk hal-hal yang tidak baik seperti untuk mencuri, berjudi dan sebagainya.

senantiasa *always*
menolong (tolong) *to help*
cucu *grandchildren*
menaati (taat) *to obey, adhere to*
petunjuk *instructions*
melanggar *to disobey*
mengalami *to experience*
kesulitan *difficulties*
murka *anger*
hilang *to be lost*
mencuri *to steal*
berjudi *to gamble*

▶ *CD1 (11)*
Konsepsi makhluk halus lainnya, seperti apa
80 yang disebut hantu, ialah *panunggu, lulu, puntianak, pok-pok* dan sebagainya. Makhluk ini dianggap berada di tempat tertentu. Pada saat atau keadaan tertentu makhluk itu dapat mengganggu manusia. Untuk menghadapi hal-
85 hal tersebut, sangat dirasakan peranan dari opo-opo. Opo-opo ini dapat menghadapi atau mengalahkan (kalah) makhluk itu atau mengatasi gangguan yang berasal dari mereka.

konsepsi *concept, conception*
berada *to be, exist*
saat *time*
keadaan *situation*
mengganggu *to bother, disturb*
menghadapi *to confront, face up to*
dirasakan *to be felt, appreciated*
peranan *role*
mengalahkan (kalah) *to defeat*
mengatasi *to overcome*
gangguan *disturbance*
berasal *to originate*

4. Roh-roh leluhur, hantu dan kekuatan-kekuatan gaib lainnya _____

_____

_____

5. Ular hitam dan burung hantu _____

_____

_____

II PEMAHAMAN Comprehension

3.3 You are given 10 utterances chosen from Lesson 3. First read each utterance carefully, paying particular attention to the underlined word or words. Then write a word or phrase with the same or closest similar meaning in the space provided. You may choose these words from the following list, or use any other relevant words of your own choice.

dipercayai	mempunyai	bisa	membantu
hubungan	khususnya	mengikuti	marah
mewujudkan			dilihat

1. Penduduk Minahasa <u>dapat</u> dibagi ke dalam delapan kelompok sub-etnik.

   1. _____

2. Setiap kelompok sub-etnik ini <u>memiliki</u> bahasa sendiri.

   2. _____

3. Melayu Manado adalah bahasa umum yang dipergunakan dalam <u>komunikasi</u> antara orang-orang dari suku sub-etnik Minahasa.

   3. _____

4. Walaupun secara resmi orang Minahasa telah memeluk agama-agama Protestan, Katolik maupun Islam, kepercayaan pribumi masih dapat <u>disaksikan</u> pada orang itu.

   4. _____

5. Dunia gaib sekitar manusia <u>dianggap</u> didiami oleh makhluk-makhluk halus.

   5. _____

6. Manusia ini harus <u>menaati</u> petunjuk-petunjuk yang diberikan mereka.

   6. _____

7. Kalau manusia melanggar petunjuk-petunjuk itu, mereka mungkin mengalami bencana atau kesulitan hidup akibat <u>murka</u> opo-opo.

7. _____

8. Roh *(mukur)* sewaktu-waktu datang <u>menunjukkan</u> diri dalam bentuk bayangan atau pun mimpi.

8. _____

9. *Mukur* yang demikian itu dianggap tidak membahayakan, sebaliknya dapat <u>menolong</u> kaum kerabatnya.

9. _____

10. Orang Minahasa percaya adanya binatang-binatang yang mempunyai kekuatan sakti, <u>terutama</u> burung hantu.

10. _____

3.4 Explain the meanings of the following words or phrases. Write complete sentences in Indonesian and present an example from the text as an illustration. Set out your definitions according to one of the models presented in Lesson 1.

1. kepercayaan pribumi: _____

_____

_____

2. makhluk halus: _____

_____

_____

3. seorang 'medium': _____

_____

_____

4. dunia gaib: _____

_____

_____

5. upacara adat: _____

_____

_____

3.5 Read the utterances in the first column, then look for an utterance in the second column that has the same meaning or the closest similar meaning. Write the letter of that utterance in the space provided.

1. ___ Orang Minahasa sekarang secara resmi telah memeluk agama-agama Protestan, Katolik maupun Islam.

2. ___ Kepercayaan pribumi masih dapat disaksikan pada orang Minahasa.

3. ___ Unsur-unsur religi pribumi terlihat dalam beberapa upacara adat yang dilakukan orang.

4. ___ Upacara adat ini berhubungan dengan peristiwa-peristiwa sekitar lingkaran hidup individu.

5. ___ Dunia gaib sekitar orang Minahasa dianggap didiami oleh makhluk halus.

A. Perayaan adat yang dilakukan orang Minahasa ada hubungan dengan kejadian-kejadian dalam kehidupan seseorang seperti kelahiran, perkawinan dan kematian.

B. Sistem religi zaman dahulu dapat dilihat dalam perayaan-perayaan adat orang-orang Minahasa.

C. Selain dari agama-agama resmi seperti Protestan, Katolik maupun Islam, terdapat juga kepercayaan-kepercayaan pribumi.

D. Orang Minahasa percaya bahwa lingkaran hidup yang tidak terlihat adalah tempat tinggal roh-roh leluhur dan kekuatan-kekuatan gaib.

E. Sekarang orang Minahasa telah menjadi pemeluk agama-agama Kristen maupun Islam.

F. Usaha orang Minahasa untuk mengadakan hubungan dengan makhluk-makhluk halus bertujuan supaya hidup mereka tidak diganggu.

G. Orang Minahasa masih mempunyai kepercayaan yang merupakan peninggalan sistem religi zaman dahulu.

3.6 Rearrange the following utterances so that they are in the correct order. Place the numbers 1-5 in the spaces provided to show the order you have chosen.

A. ___ Kalau manusia melanggar petunjuk-petunjuk yang diberikan itu, mereka mungkin mengalami bencana atau kesulitan hidup akibat murka opo-opo.

B. ___ Di samping itu ada juga opo-opo yang memberikan kekuatan sakti untuk hal-hal yang tidak baik.

C. ___ Ada kepercayaan bahwa opo-opo yang baik akan senantiasa menolong manusia yang dianggap sebagai cucu mereka.

D. ___ Boleh juga kekuatan sakti yang diberikan akan hilang.

E. ___ Manusia ini harus menaati petunjuk-petunjuk yang diberikan mereka.

3.7 Complete the sentences in the first column by selecting an appropriate ending from the second column. Write the letter of that sentence ending in the space provided.

1. ___ Roh orang tua sendiri atau pula roh-roh kerabat yang sudah meninggal

2. ___ Roh itu sewaktu-waktu datang menunjukkan dirinya

3. ___ Mereka ini juga dapat menunjukkan dirinya melalui

4. ___ Medium itu dimasuki oleh mukur

5. ___ Mukur yang demikian itu dianggap tidak membahayakan

A. seorang medium.

B. sebaliknya dapat menolong kaum kerabatnya.

C. yang dianggap sakti dan juga sebagai pahlawan.

D. dianggap selalu berada di sekitar keluarganya.

E. salah satu ialah dewa tertinggi yang disebut *Opo Wailan Wangko*.

F. sehingga dapat langsung bercakap-cakap dengan kaum kerabatnya.

G. dalam bentuk bayangan atau pun mimpi.

3.8* In column 1 you are given a list of five categories. In Column 2 is a list of items, each of which can be classified under one of the five categories in Column 1. Show the classification you have chosen by writing the letter of the item in Column 2 under its respective classification in Column 1. One of the classifications has been completed as an example.

1. Gejala-gejala alam	A. rambut
—	
—	B. perisai
—	
	C. jeruk
2. Alat-alat senjata	
—	D. burung hantu
—	
—	E. gunung meletus
3. Bagian-bagian tubuh	
<u>A</u>	F. jahe
—	
—	G. tombak
4. Tumbuh-tumbuhan	H. hujan lebat bersama petir
—	
—	I. keris
—	
5. Binatang	J. ular hitam
—	
—	K. kuku
—	

III   **PEMBICARAAN**   Discussion

3.9   1.   (a) Jelaskan keadaan bahasa yang terdapat di daerah Minahasa.
              (b) Bagaimana keadaan bahasa di daerah Anda?

          2.   Bagaimana proses terjadinya bahasa ibu bisa digantikan bahasa
                yang lain? Apakah pendapat Anda?

3.10*   1.   (a) Jelaskan apakah arti *kekuatan sakti*.
               (b) Sebutkan beberapa contoh ragam kekuatan sakti yang terdapat
                    dalam masyarakat Minahasa.
               (c) Apakah ada kepercayaan kepada kekuatan sakti dalam masyarakat
                    Anda? Jelaskan.

           2.   (a) Apakah perbedaan antara konsepsi jiwa dan konsepsi roh?
               (b) Apakah kedua konsepsi ini dibedakan antara satu dengan yang lain
                    oleh orang Minahasa?
               (c) Apakah keduanya juga dibedakan dalam masyarakat Anda?
                    Jelaskan.

BACAAN 4

PERKAWINAN DI PULAU AMBON
Marriage on Ambon

▶ *CD1 (13)*

Pulau Ambon merupakan salah satu pulau dari kepulauan Maluku. Kepulauan Maluku itu terletak antara Pulau Irian di sebelah timur, pulau
5 Sulawesi di sebelah barat, Lautan Teduh di sebelah utara dan Lautan Indonesia di sebelah selatan. Maluku dapat dibagi menjadi Maluku Utara yang meliputi pulau-pulau Morotai, Halmahera, Bacan, Obi, Ternate dan Tidore, dan
10 Maluku Selatan yang meliputi Seram, Buru, Ambon, Banda, kepulauan Sulu, Kei, Aru, Tanimbar, Barbar, Leti dan Wetar. *[p. 173]*

Dalam karangan ini, kami hanya akan menguraikan perkawinan orang-orang Ambon. Istilah
15 orang Ambon di sini dipakai untuk penduduk dari pulau-pulau Hitu, Ambon, Haruku, Saparua dan Seram Barat. *[p. 175]*

Perkawinan
Orang Ambon mengenal tiga macam cara
20 perkawinan, yaitu *kawin lari, kawin minta* dan *kawin masuk.*

Kawin lari atau *kawin bini* adalah sistem perkawinan yang paling lazim. Hal ini terutama disebabkan orang Ambon umumnya lebih suka menempuh
25 (tempuh) jalan pendek. Mereka suka menghindari prosedur perundingan dan upacara. Oleh karena itu kawin lari dipandang kurang baik dan kurang diinginkan oleh pihak kaum kerabat wanita. Sebaliknya dari pihak kaum kerabat pemuda atau
30 laki-laki kawin lari itu lebih disukai. Sebabnya terutama karena hendak menghindari kekecewaan dan malu kalau rencana perkawinan anaknya ditolak oleh keluarga wanita. Mereka juga bisa takut keluarga wanita menunggu (tunggu) sampai mereka
35 dapat memenuhi (penuh) segala persyaratan adat.

kepulauan *archipelago*
Pulau Irian *New Guinea*
lautan *sea, ocean;* **Lautan Teduh** *Pacific Ocean*
meliputi *to encompass, cover, pervade*

menguraikan *to analyse*
istilah *term*
dipakai *is used*

lazim *usual*
menempuh (tempuh) *to follow*
prosedur *procedure*
perundingan *negotiations*
dipandang *to be seen as, viewed as*
diinginkan *to be desirable*
pihak *party, side, faction*
pemuda *young man*
lebih disukai *to be preferred*
sebabnya *the reason for it*
kekecewaan *disappointment*
malu *embarrassed*
rencana *plan*
ditolak *to be refused*
menunggu (tunggu) *to wait*
memenuhi *to fulfil*
persyaratan *requirements*

▶ *CD1 (14)*

Biasanya kawin lari ini dengan sepengetahuan orang tua si gadis. Bahkan kerap kali juga kawin lari justru disarankan oleh orang tua si gadis. Ini
40 dilakukan untuk menyingkatkan (singkat) waktu dan mengurangi (kurang) harta kekayaan yang harus dikeluarkan dalam kawin minta. Dalam kawin lari keluarga pemuda semuanya ikut aktif. Akan tetapi, kalau kawin lari itu dilaksanakan
45 tanpa sepengetahuan keluarga, orang yang menyokong (sokong) adalah teman-teman pemuda dan orang tua yang menaruh (taruh) simpati kepada mereka. *[p. 178]*

sepengetahuan *knowledge*
kerap kali *frequently, often*
justru *in fact, actually*
disarankan *to be proposed, suggested*
gadis *girl, young unmarried woman*
menyingkatkan (singkat) *to shorten*
mengurangi (kurang) *to reduce*
harta kekayaan *wealth, possessions*
dikeluarkan *to be spent*
ikut aktif *are also active*
dilaksanakan *to be carried out*
tanpa *without*
menyokong (sokong) *to support, aid*
menaruh (taruh) *to show (as sympathy)*
simpati *sympathy*

Pada waktu yang telah ditentukan, pemuda
50 dengan teman atau saudaranya membawa lari si gadis dari kamarnya pada malam hari. Dia juga membawa semua pakaian dan perlengkapannya. Biasanya di atas tempat tidur si gadis diletakkan sebuah amplop putih panjang yang berisikan
55 surat untuk orang tua si gadis. Surat itu memberitahukan bahwa anak gadisnya dilarikan. Bila pelarian tersebut dengan sepengetahuan orang tua, maka surat itu menerangkan (terang) siapa si pemuda. Surat itu juga menegaskan
60 (tegas) bahwa gadisnya berada dalam perlindungan orang tua si pemuda.

ditentukan *to be fixed, set*
saudaranya *his brother*
membawa lari *to run off with*
perlengkapannya *belongings*
tempat tidur *bed*
diletakkan *is placed*
sebuah *a* (numerical classifier)
amplop *envelope*
berisikan *to contain*
surat *letter*
memberitahukan *to reveal, say*
dilarikan *to run off with*
pelarian *elopement*
menerangkan (terang) *to explain*
menegaskan (tegas) *to stress, emphasise*
perlindungan *protection*

Bila pelarian itu tanpa sepengetahuan orang tua si gadis, maka mas kawin telah ditinggalkan dalam kamar si gadis tanpa surat. Dalam hal ini
65 orang tua si gadis tidak mengetahui siapa yang melarikan gadisnya dan di mana dia berada.

mas kawin *dowry*
mengetahui *to know*
melarikan *to run off with*

▶ *CD1 (15)*

Pada adat kawin lari, keluarga pemuda akan membawa ke luar si gadis dari tempat per-
70 sembunyiannya. Gadis itu akan dibawa ke rumah keluarga pemuda pada hari yang telah ditentukan, kira-kira satu minggu setelah dilarikannya. Pada waktu memasuki rumah keluarga si pemuda, si pemudi harus melakukan suatu
75 upacara tertentu. Upacara ini kemudian diikuti dengan pesta. Si pemudi harus mengedarkan lampan berisi rokok, minuman dan lain-lain. Ini memperlihatkan bahwa dia telah berperan resmi sebagai nyonya rumah. Teman-teman dan
80 tetangga-tetangga diundang pada pesta ini agar mengetahui bahwa si pemudi telah menjadi istri si pemuda. Kemudian dia akan tinggal bersama keluarga si pemuda.

tempat persembunyiannya *her hiding place*
pemudi *young woman*
upacara *ritual*
diikuti *to be followed by*
pesta *party*
mengedarkan *to pass around*
lampan *tray*
berisi *filled with*
memperlihatkan *to show*
berperan *to act, take the role of*
resmi *official*
nyonya rumah *woman of the house*
diundang *to be invited*
agar *so that*
istri *wife*

Bentuk perkawinan yang kedua ialah *kawin*
85 *minta*. Kawin minta terjadi apabila seorang pemuda telah menemukan (temu) seorang gadis yang akan dijadikan istri. Ia akan memberitahukan hal ini kepada orang tuanya. Kemudian mereka mengumpulkan (kumpul) anggota famili
90 untuk membicarakan hal itu dan membuat rencana perkawinan. Di sini dibincangkan pula pengumpulan (kumpul) kekayaan untuk membayar mas kawin, perayaan perkawinan dan sebagainya. Kalau semua sudah setuju, kemudian
95 dikirimkan surat atau delegasi ke orang tua si gadis untuk minta waktu bagi kunjungan melamar. Orang tua si gadis mengirim (kirim) kabar kembali dengan waktu dan harinya.

terjadi *to happen, occur*
apabila *when, whenever*
menemukan (temu) *to meet*
dijadikan *to be made*
ia *he*
mengumpulkan (kumpul) *to gather*
famili *family*
dibincangkan *to be discussed*
pengumpulan (kumpul) *the collection of*
kekayaan *wealth, resources*
membayar *to pay*
dikirimkan *to be sent*
delegasi *delegation*
kunjungan *visit*
melamar *to propose marriage*
mengirim (kirim) *to send*
kembali *back*
kabar *news*

100 Apabila orang tua si gadis menunjukkan ketidak-setujuannya, maka pendekatan ini dibatalkan. Namun hal ini jarang terjadi karena biasanya keluarga pria telah memperhitungkan jawaban-nya. Tentu saja antara si pemuda dengan si gadis sudah ada kepastian bahwa orang tua si gadis

105 itu akan menerimanya (terima). Kalau tidak, tentu disarankan kawin lari.

ketidaksetujuannya *their disagreement*
pendekatan *approach*
dibatalkan *to be cancelled*
pria *man*
memperhitungkan *to take into consideration*
kepastian *assurance*
menerimanya (terima) *to accept, receive*

▶ *CD1 (16)*

* Bila waktu telah disetujui, kaum kerabat pemuda dengan seorang jurubicara datang ke

110 rumah si pemudi. Pemberian hormat dilakukan oleh jurubicara menurut (turut) adat tertentu. Jawaban secara adat dilakukan oleh jurubicara kaum kerabat si gadis. Kemudian diadakan pembicaraan, juga melalui kedua jurubicara.

115 Kalau semua setuju maka perkawinan dapat dilangsungkan dengan upacara-upacara adat dan gereja, atau secara Islam bagi mereka yang beragama Islam. *[p. 179]*

jurubicara *spokesperson, spokesman*
pemberian *the giving of*
hormat *honour, respect*
menurut (turut) *according to*
diadakan *to be held*
pembicaraan *discussions*
dilangsungkan *to be carried out*
gereja *church*
beragama *to have as a religion*

Bentuk perkawinan yang ketiga ialah *kawin*

120 *masuk*. Pada perkawinan ini penganten laki-laki tinggal dengan keluarga wanita. Ada tiga sebab utama terjadinya perkawinan semacam ini. Alasan pertama ialah bahwa kaum kerabat si pemuda tidak dapat membayar mas kawin secara

125 adat. Alasan kedua ialah bahwa keluarga si gadis hanya beranak tunggal dan tak punya anak laki-laki. Si gadis harus memasukkan suaminya dalam klen ayahnya dan menjamin kelangsungan klen. Alasan ketiga ialah karena ayah dari si

130 pemuda tidak sudi menerima menantu perem-puannya. Ini bisa terjadi disebabkan oleh perbedaan status atau alasan yang lain. Demi-kian pula pemuda masuk keluarga istrinya. Kalau tidak dapat bayar mas kawin, maka dia

135 harus bekerja di tanah kaum kerabat istri. *[p. 180]*

penganten laki-laki *bride-groom*
beranak tunggal *to have only one child*
suaminya *her husband*
klen *clan*
menjamin *to guarantee*
kelangsungan *the continuation of*
sudi *to be willing*
menantu perempuannya *his daughter-in-law*
perbedaan *difference*
status *status*
demikian *and so, consequently*

[Subyakto, Universitas Indonesia]

5. Kawin lari dilakukan untuk menyingkatkan waktu dan mengurangi harta kekayaan yang harus <u>dikeluarkan</u> dalam kawin minta.

5. _____

6. Si pemuda membawa semua pakaian dan <u>perlengkapan</u> si gadis.

6. _____

7. Si gadis harus mengedarkan lampan untuk <u>memperlihatkan</u> bahwa dia telah berperan resmi sebagai nyonya rumah.

7. _____

8. Teman-teman dan tetangga-tetangga diundang pada pesta <u>agar</u> mengetahui bahwa si pemudi telah menjadi istri si pemuda.

8. _____

9. Kawin minta terjadi <u>apabila</u> seorang pemuda telah menemukan seorang gadis yang akan dijadikan istri.

9. _____

10. <u>Namun</u> hal ini jarang terjadi karena biasanya keluarga pria telah memperhitungkan jawabannya.

10. _____

4.4 Explain the meanings of the following words or phrases. Write complete sentences in Indonesian. Set out your definitions according to one of the models presented in Lesson 1. There is no need to present an example for each of these definitions.

1. perkawinan: _____

_____

_____

2. mas kawin: _____

_____

_____

3. nyonya rumah: _____

_____

_____

4. persyaratan adat: _____

    _____

    _____

5. kunjungan melamar: _____

    _____

    _____

4.5   Read the utterances in the first column, then look for an utterance in the second column that has the same meaning or the closest similar meaning. Write the letter of that utterance in the space provided.

1. ___ Kawin lari adalah sistem perkawinan yang paling lazim.

2. ___ Hal ini terutama disebabkan orang Ambon umumnya lebih suka menempuh jalan yang pendek.

3. ___ Mereka suka menghindari prosedur perundingan dan upacara.

4. ___ Oleh karena itu kawin lari dipandang kurang baik dan kurang diinginkan oleh pihak kaum kerabat wanita.

5. ___ Sebaliknya dari pihak kaum kerabat pemuda atau laki-laki kawin lari itu lebih disukai.

A. Akan tetapi keluarga pria lebih menyukai sistem perkawinan itu.

B. Mereka ingin mengelakkan pembicaraan mengenai perkawinan serta perayaannya.

C. Bahkan kerap kali juga kawin lari justru disarankan oleh orang tua si gadis.

D. Sistem perkawinan ini adalah sistem yang biasanya dilangsungkan.

E. Disebabkannya sistem ini tidak disukai keluarga si gadis.

F. Pihak kaum kerabat pemuda atau laki-laki bisa takut keluarga wanita menunggu sampai mereka dapat memenuhi segala persyaratan adat.

G. Sistem ini terjadi karena orang-orang ingin menyelesaikan urusan perkawinan dengan cara yang cepat.

4.6 Complete the sentences in the first column by selecting an appropriate ending from the second column. Write the letter of that sentence ending in the space provided.

1. ___ Pada waktu yang telah ditentukan

2. ___ Biasanya di atas tempat tidur si gadis diletakkan sebuah amplop putih panjang

3. ___ Bila pelarian tersebut dengan sepengetahuan orang tua

4. ___ Surat itu juga menegas-kan

5. ___ Bila pelarian itu tanpa pengetahuan orang tua si gadis, mas kawin

A. yang berisikan surat untuk orang tua si gadis.

B. telah ditinggalkan dalam kamar si gadis tanpa surat.

C. yang melarikan gadisnya dan di mana dia berada.

D. pemuda dengan teman atau saudaranya membawa lari si gadis dari kamarnya.

E. bahwa gadisnya berada dalam perlindungan orang tua si pemuda.

F. maka surat itu menerangkan siapa si pemuda.

G. membawa semua pakaian dan perlengkapannya.

4.7 Fill in the blanks in the following passage with the appropriate words. Choose these words from the following list. Use each word only once. Two words are extra and do not fit the selection.

kemudian	dikirimkan	bentuk
membicarakan	apabila	membayar
dijadikan	mengetahui	memberitahu
dibuat	dibincangkan	menemukan

1 _____ perkawinan yang kedua ialah *kawin minta*. Kawin minta terjadi 2 _____ seorang pemuda telah 3_____ seorang gadis yang akan 4 _____ istri. Ia akan 5 _____ hal ini kepada orang tuanya. 6 _____ mereka mengumpulkan anggota famili untuk 7_____ rencana perkawinan. Di sini 8 _____ pula pengumpulan kekayaan

untuk 9 _____ mas kawin. Kalau semua orang setuju,

kemudian 10 _____ surat atau delegasi ke orang tua si

gadis untuk minta waktu bagi kunjungan melamar.

4.8* In Column 1 are the three types of marriage found on Ambon. In Column 2 are the various reasons which lead to each of these marriage types. Under each marriage type in Column 1 list the letter of the relevant reasons found in Column 2.

1. Kawin lari

   ___

   ___

   ___

   ___

2. Kawin minta

   ___

   ___

   ___

   ___

3. Kawin masuk

   ___

   ___

   ___

   ___

A. Kaum kerabat si pemuda tidak dapat membayar mas kawin secara adat.

B. Seorang pemuda telah menemukan seorang gadis yang hendak dijadikan istri secara adat.

C. Orang Ambon umumnya lebih suka menghindari prosedur perundingan dan upacara.

D. Kaum kerabat si pemuda hendak menghindari kekecewaan dan malu kalau rencana perkawinan anaknya ditolak oleh keluarga si pemudi.

E. Keluarga si gadis hanya beranak tunggal dan tidak punya anak laki-laki.

F. Orang tua si gadis hendak menyingkatkan waktu dan mengurangkan harta kekayaan yang harus dikeluarkan.

G. Kaum kerabat si pemuda dengan keluarga pemudi hendak melangsungkan perkawinan dengan upacara-upacara adat dan gereja atau secara Islam.

H. Ayah dari si pemuda tidak sudi menerima menantu perempuannya.

I. Antara si pemuda dengan si gadis sudah ada kepastian bahwa orang tua si gadis akan menerimanya.

J. Keluarga laki-laki takut keluarga wanita menunggu sampai mereka dapat memenuhi segala persyaratan adat.

III   **PEMBICARAAN**   Discussion

4.9   1.   (a)   Lukiskan apa yang dilakukan si pemudi dalam *kawin lari* untuk menunjukkan bahwa dia telah menjadi istri si pemuda.

(b)   Menurut pendapat Anda, mengapa suatu upacara seperti itu perlu diadakan?

2.   Apakah perbedaan antara *kawin lari* dan *kawin minta*? Sebutkan semua perbedaannya.

4.10*   1.   Bandingkan cara pembayaran mas kawin dalam tiga cara perkawinan di Ambon, yaitu *kawin lari, kawin minta* dan *kawin masuk.*

2.   Apakah masyarakat Anda mempunyai suatu sistem pembayaran mas kawin atau sistem yang menyerupainya? Jelaskan.

BACAAN 5

MATA PENCARIAN ORANG BATAK
The Livelihood of the Bataks

▶ *CD1 (17)*

Orang Batak dewasa ini, untuk bagian terbesar, mendiami tanah daerah pegunungan Sumatra Utara. Daerah itu mulai dari perbatasan Daerah
5 Istimewa Aceh di utara sampai ke perbatasan dengan Riau dan Sumatra Barat di sebelah selatan. Selain daripada itu, orang Batak juga mendiami tanah datar yang berada di antara daerah pegunungan dengan pantai timur
10 Sumatra Utara dan pantai barat Sumatra Utara. Sejak zaman sebelum kemerdekaan jaringan jalan-jalan raya telah mencapai sampai daerah ke pelosok. Dengan demikian maka prasarana yang menghubungkan dan memperkenalkan orang
15 Batak dengan dunia luar telah tersedia. *[p. 94]*

dewasa ini *at the present time*
pegunungan *mountainous*
selain daripada itu *besides that*
istimewa *special*
datar *level, flat*
pantai *coast*
kemerdekaan *independence*
jaringan *network*
jalan raya *highways*
mencapai *to reach*
pelosok *remote areas*
dengan demikian *consequently*
prasarana *infrastructure*
menghubungkan *to put into contact with*
memperkenalkan *to introduce*
dunia luar *the outside world*
tersedia *ready, prepared; has been in existence*

Suku bangsa Batak lebih khusus terdiri dari sub-suku, yaitu: Karo, Simalungan, Pakpak, Toba, Angkola dan Mandailing. Menurut cerita-cerita suci orang Batak, terutama dari orang Batak Toba,
20 semua sub-suku bangsa Batak itu mempunyai nenek moyang yang satu, yaitu Si Raja Batak.

cerita *story*
suci *holy, sacred*
nenek moyang *ancestors*
si honorific particle

Dalam penghidupan dan pergaulan sehari-hari, orang Batak mempunyai beberapa logat, ialah logat Karo yang dipakai oleh orang Karo, logat
25 Pakpak yang dipakai oleh orang Pakpak, logat Simalungan yang dipakai oleh orang Simalungan dan logat Toba yang dipakai oleh orang Toba, Angkola dan Mandailing. Di antara keempat logat tersebut, dua yang paling jauh jaraknya
30 satu dengan lain adalah logat Karo dan Toba.

penghidupan *living*
ialah *that is to say*
keempat *the four*
jaraknya *distance (difference) between*

Pada masa sekarang, banyak dari orang Batak dari berbagai sub-suku bangsa tersebut di atas telah menyebar (sebar) ke lain-lain daerah, tidak hanya ke Sumatra Timur dan Kota Medan,
35 tetapi juga ke lain-lain tempat di Indonesia terutama Jawa, khususnya Jakarta. *[p. 95]*

menyebar (sebar) *to spread*

Pertanian   ▶ *CD1 (18)*

Pada umumnya daerah yang didiami orang Batak terkena iklim musim. Tanah-tanah datar
40 di antara daerah pegunungan dan pantai merupakan suatu daerah subur untuk pertanian. Daerah pegunungan terdiri dari padang-padang rumput yang kurang baik tanahnya. Daerah pegunungan itu masih dapat memberikan hidup
45 kepada penghuninya berkat penggunaan teknik irigasi dan pemakaian (pakai) pupuk. Penduduknya adalah petani yang mengerjakan tanahnya dengan rajin. Teknik pengolahannya adalah dengan sistem tegalan dan pesawahan. *[p. 94]*

terkena *is affected by, is subject to*
iklim musim *seasonal climate*
subur *fertile*
padang rumput *grassed areas, savanna*
berkat *thanks to, due to*
penggunaan *the use of*
teknik *techniques*
irigasi *irrigation*
pemakaian (pakai) *the use of*
petani *farmers*
rajin *industriously*
pengolahannya *the preparation of*
tegalan *dry (unirrigated) land cultivation*
pesawahan *wet (irrigated) rice cultivation*

50 Orang Batak untuk sebagian besar masih menggarap tanahnya menurut adat kuno. Di ladang maupun di sawah padi umumnya ditanam dan dipanen hanya setahun sekali. Hanya di beberapa tempat saja orang mulai
55 memakai cara-cara yang memungkinkan panen dua kali setahun. Palawija biasanya juga tidak ditanam kecuali misalnya di tempat-tempat sekitar Danau Toba, Samosir, Humbang dan Karo. Di daerah Dairi di samping menanam
60 padi, luas juga tanah yang ditanami kopi.

menggarap *to work*
kuno *ancient, old*
sawah padi *irrigated rice fields*
memungkinkan *to enable*
palawija *secondary crops*
misalnya *for example*
danau *lake*
luas *wide, extensive*

Dalam bercocok tanam baik di ladang maupun di sawah, orang perempuan Batak mengambil peranan yang amat penting. Peranan ini terutama dalam tahap-tahap menanam, menyiangi
65 (siang) dan menuai (tuai). Orang laki-laki mengerjakan tahap-tahap seperti membersihkan belukar hutan, menebang pohon, membakar hutan, menyiapkan (siap) saluran-saluran dan

bercocok tanam *to work the land*
mengambil peranan *to play a role*
tahap *stage*
menyiangi (siang) *to weed*
menuai (tuai) *to harvest*
membakar *to burn*

70 pematang-pematang irigasi, mem<u>bajak</u> dan menggaru dan sebagainya. *[p. 101]*

menyiapkan (siap) *to prepare*
pematang *dykes, bunds*
mem<u>bajak</u> *to plough*
meng<u>garu</u> *to harrow*

▶ *CD1 (19)*

Alat-alat yang utama dalam bercocok tanam adalah cangkul, bajak dan tongkat tugal. Bajak biasanya di<u>tarik</u> oleh kerbau atau, kadang-kadang,
75 oleh sapi. Orang Batak umumnya me<u>motong</u> (potong) padi dengan sabit walaupun ada juga orang yang memakai ani-ani. *[p. 102]*

utama *main. primary*
cangkul *hoe*
bajak *plough*
di<u>tarik</u> *to be pulled by*
kerbau *water buffalo*
sapi *cow*
me<u>motong</u> (potong) *to cut*
sabit *sickle*
ani-ani *palm-held knife used for cutting rice stalks*

Pada sistem bercocok tanam di ladang, *huta* yang me<u>megang</u> (pegang) hak ulayat tanah. *Huta*
80 (bahasa Toba) biasanya merupakan ke<u>satu</u>an teritorial yang di<u>huni</u> oleh keluarga yang asal dari satu klen. Hanya warga *huta* itu yang ber<u>hak</u> untuk memakai tanah itu. Mereka dapat meng-garap tanah tersebut seperti tanah <u>milik</u>nya
85 sendiri. Mereka tak dapat men<u>jual</u>nya tanpa per<u>setuju</u>an dari *huta* dan ini harus di<u>putus</u>kan dengan musyawarah.

me<u>megang</u> (pegang) *to hold, control*
hak *rights*
ulayat *regional*
ke<u>satu</u>an *unit*
di<u>huni</u> *to be inhabited by*
ber<u>hak</u> *to possess rights to*
<u>milik</u>nya *his own*
tak *no* (short for **tidak**); **tak dapat** *can't*
men<u>jual</u>nya *to sell it*
per<u>setuju</u>an *agreement*
di<u>putus</u>kan *to be resolved, agreed to*
musyawarah *meeting, conference*

Walaupun demikian, tanah yang dimiliki oleh individu juga ada. Pada orang Batak Toba
90 misalnya ada tanah *panjaean*, tanah *pauseang* dan tanah *parbagian*. Tanah *panjaean* adalah tanah yang diberikan kepada seseorang laki-laki oleh orang tuanya se<u>segera</u> ia kawin dan ber<u>umah</u> tangga. Tanah *pauseang* adalah tanah
95 yang di<u>terima</u> oleh seorang anak perempuan dari orang tuanya pada hari perkawinannya. Sedangkan tanah *parbagian* adalah tanah yang di<u>warisi</u> oleh seorang anak laki-laki dari orang tuanya yang sudah meninggal.

walaupun demikian *nevertheless*
se<u>segera</u> *as soon as*
ber<u>umah</u> tangga *to set up a household*
di<u>terima</u> *to be received*
di<u>warisi</u> *to be inherited*

100 Tanah milik seorang individu <u>hanya</u>lah tanah
yang di<u>terima</u>nya dari orang tua. Seorang individu
hanya dapat me<u>luas</u>kan tanah miliknya itu
apabila dia membuka sendiri tanah baru yang
belum berada di bawah hak ulayat *huta*nya.
105 Usaha seperti itu dalam bahasa Toba disebut
mangarimba. [p. 101]

me<u>luas</u>kan *to extend, expand*

▶ *CD1 (20)*

* Di samping bercocok tanam, pe<u>terna</u>kan
juga merupakan suatu mata pencarian yang
110 penting pada orang Batak umumnya. Mereka
terutama me<u>melihara</u> (pelihara) kerbau, sapi
dan babi, kambing, ayam dan bebek. Kerbau
banyak di<u>butuh</u>kan orang sebagai binatang
peng<u>hela</u> dan untuk upacara adat. Babi banyak
115 di<u>makan</u>, tetapi juga dibutuhkan untuk pem<u>berian</u>
adat. Sapi, kambing, ayam dan bebek di<u>jual</u>
untuk me<u>laya</u>ni kota-kota, terutama Medan,
dengan daging.

pe<u>terna</u>kan *the raising of livestock*
me<u>melihara</u> (pelihara) *to raise, take care of*
babi *pigs*
kambing *goats*
ayam *chickens*
bebek *ducks*
di<u>butuh</u>kan *to be required, needed*
peng<u>hela</u> *puller, for pulling*
pem<u>berian</u> *gift, offering*
me<u>laya</u>ni *to supply, service*
daging *meat*

Di daerah-daerah tepi Danau Toba dan di pulau
120 Samosir, me<u>nangkap</u> (tangkap) ikan juga me-
rupakan suatu mata pencarian hidup yang
penting. Pe<u>nangkap</u>an (tangkap) ikan dilakukan
dengan amat intensif dalam musim-musim
tertentu, seperti misalnya dalam bulan-bulan
125 Juni sampai Agustus. Pekerjaan dilakukan
hanya oleh orang laki-laki dalam perahu-perahu
lesung dengan jala, pancing dan perangkap-
perangkap ikan. Ikan dijual di pasar untuk
dibawa ke kota-kota seperti Balige. *[p. 102]*

me<u>nangkap</u> (tangkap) *to catch*
ikan *fish*
pe<u>nangkap</u>an (tangkap) *the catching of*
intensif *intensive*
perahu lesung *dug-out boats*
jala *nets*
pancing *hook and line*

[Pajung Bangun, IKIP Medan]

Figure 11: Rumah Toba Batak

Figure 12: Rumah Karo Batak

Figure 13: Rumah Simalungan Batak

Figure 14: Bajak

3. _____
_____
_____

4. _____
_____
_____

5. _____
_____
_____

6. _____
_____
_____

5.5   Complete the sentences in the first column by selecting an appropriate ending from in the second column. Write the letter of that sentence ending in the space provided.

1. ___ Orang Batak dewasa ini untuk sebagian besar

2. ___ Daerah itu mulai dari perbatasan Daerah Istimewa Aceh di utara

3. ___ Orang Batak juga mendiami tanah datar yang berada

4. ___ Pada umumnya daerah yang didiami orang Batak

5. ___ Orang Batak telah menyebar ke lain-lain

A. mendiami tanah daerah pegunungan Sumatra Utara.

B. tempat di Indonesia, terutama Jawa, khususnya Jakarta.

C. dengan dunia luar telah sedia.

D. sampai ke perbatasan dengan Riau dan Sumatra Barat.

E. terkena iklim musim.

F. telah mencapai sampai daerah ke pelosok.

G. di antara daerah pegunungan dengan pantai timur dan barat Sumatra Utara.

5.6 Fill in the blanks in the following passage with the appropriate words. Choose these words from the following list. Use each word only once. Two words are extra and do not fit the selection.

rajin	di samping	menggarap
kecuali	untuk	beberapa
mulai	ditanam	maupun
memungkinkan	sekitar	biasanya

Orang Batak 1 _____ sebagian besar masih

2 _____ tanahnya menurut adat kuno. Di ladang

3 _____ di sawah padi umumnya 4 _____

dan dipanen hanya setahun sekali. Hanya di 5 _____

tempat saja orang 6 _____ memakai cara-cara yang

7 _____ panen dua kali setahun. Palawija

8 _____ juga tidak ditanam 9 _____

misalnya di tempat-tempat 10 _____ Danau Toba, Samosir,

Humbang dan Karo.

5.7 Rearrange the following utterances so that they are in the correct order. Place the numbers 1-5 in the spaces provided to show the order you have chosen.

A. ___ Mereka dapat menggarap tanah tersebut seperti tanah miliknya sendiri.

B. ___ Pada sistem bercocok tanam di ladang, *huta* yang memegang hak ulayat tanah.

C. ___ Hanya warga *huta* itu yang berhak untuk memakai tanah kesatuan itu.

D. ___ Mereka tak dapat menjualnya tanpa persetujuan dari *huta* dan ini harus diputuskan dengan musyawarah.

E. ___ *Huta* biasanya merupakan kesatuan teritorial yang dihuni oleh keluarga yang asal dari satu klen.

5.8* Match the Indonesian words in the first column with their English equivalents in the second. Write the letter of the word in the second column in the space provided.

1.	___ kerbau		A.	fish
2.	___ sapi		B.	pig
3.	___ babi		C.	hook and line
4.	___ kambing		D.	duck
5.	___ ayam		E.	water buffalo
6.	___ bebek		F.	cow
7.	___ ikan		G.	dugout boat
8.	___ perahu lesung		H.	goat
9.	___ jala		I.	chicken
10.	___ pancing		J.	net

III   PEMBICARAAN   Discussion

5.9 1. Bandingkan *tanah panjaean, tanah pauseang* dan *tanah parbagian*. Sebutkan persamaan dan perbedaannya.

2. (a) Jelaskan apa arti *mangarimba*.
    (b) Bagaimana usaha seperti itu berbeda dengan usaha mendapatkan *tanah panjaean, tanah pauseang* dan *tanah parbagian*?

3. Bagaimanakah caranya seseorang bisa memperoleh tanah milik sendiri di negara Anda?

5.10* 1. Jelaskan mengapa peternakan dan penangkapan ikan dianggap sebagai mata pencarian yang penting bagi orang Batak.

2. Apakah mata pencarian yang terpenting dalam desa atau kota Anda? Pertahankan jawaban Anda.

BACAAN 6

BAHASA, TULISAN DAN KESUSASTERAAN BUGIS-MAKASSAR
The Language, Writing and Literature of the Bugis-Makassar

▶ *CD1 (21)*

Kebudayaan Bugis-Makassar adalah kebudayaan dari suku bangsa Bugis-Makassar yang mendiami bagian ter<u>besar</u> dari jazirah selatan dari pulau
5 Sulawesi. Jazirah itu merupakan suatu propinsi, ialah propinsi Sulawesi Selatan. *[p. 266]*

jazirah *peninsula*

Kecuali di propinsi Sulawesi Selatan, ada pula orang Bugis-Makassar yang tinggal di luar daerah itu. Pe<u>rantau</u>an itu sudah ber<u>langsung</u> sejak abad
10 ke-16. Dalam zaman itu ada suatu <u>rangkaian</u> pe<u>perang</u>an antara ke<u>raja</u>an-kerajaan di Sulawesi Selatan yang di<u>sambung</u> dengan peperangan-peperangan me<u>lawan</u> Belanda dalam abad ke-19. Demikian telah ada suatu keadaan tak aman
15 sejak lebih dari tiga abad lamanya. Keadaan ini menyebabkan perantauan tersebut, misalnya ke daerah-daerah pantai timur dan utara Sumatra, pantai barat Malaya, dan pantai barat dan selatan Kalimantan. *[p. 269-270]*

pula *also, as well*
perantauan *wandering, migration*
berlangsung *to take place, occur*
abad *century*
ke-16 *the sixteenth*
rangkaian *series*
peperangan *wars*
kerajaan *kingdoms*
disambung *to be followed (continued) by*
melawan *to fight; against*
Belanda *the Dutch*
aman *peaceful*

20 **Bahasa, Tulisan dan Kesusasteraan**
Orang Bugis mengucapkan bahasa Ugi dan orang Makassar bahasa Mangasara. Kedua bahasa tersebut pernah di<u>pela</u>jari dan di<u>teliti</u> secara men<u>dalam</u> oleh seorang ahli bahasa
25 Belanda B.F. Matthes. Dia meng<u>ambil</u>, sebagai sumber, kesu<u>sastera</u>an ter<u>tulis</u> yang sudah di-miliki oleh orang Bugis dan Makassar itu sejak ber<u>abad</u>-abad lamanya. Matthes pernah meng-umpulkan banyak sekali naskah kesusasteraan
30 dalam bentuk lontar maupun dalam bentuk buku-buku kertas. Lontar, atau *lontara* dalam

dipelajari *to be studied by*
diteliti *to be investigated*
se<u>cara</u> men<u>dalam</u> *in depth*
ahli bahasa *linguist*
mengambil *to take*
sumber *sources*
kesusasteraan *literature*
tertulis *written*
berabad-abad *for centuries*
naskah *manuscript*
lontar *palm leaf manuscripts*
kertas *paper*

35 bahasa Bugis itu, adalah buku-buku kuno yang dibuat dari daun palma kering. Daun itu ditulisi dengan goresan alat tajam, dan kemudian dibubuhi dengan bubuk hitam untuk memberi warna kepada goresan-goresan tadi.

palma *palm*
kering *dry*
ditulisi *to be written*
goresan *scratches*
tajam *sharp*
dibubuhi *to be overlaid*
bubuk *powder*

▶ *CD1 (22)*

40

45

50

Naskah-naskah yang dikumpulkan oleh Matthes ada yang disimpan di perpustakaan dari yayasan Matthes di Makassar, sekarang dikenali sebagai Ujung Pandang. Ada banyak juga yang disimpan dalam perpustakaan Universitas Leiden di Negeri Belanda dan di dalam beberapa perpustakaan lain di Eropa. Matthes sendiri pernah menerbitkan (terbit) beberapa bunga rampai yang memuat seleksi dari kesusasteraan Bugis-Makassar. Sebagai hasil dari penelitian (teliti) bahasanya ia pernah menerbitkan sebuah kamus Bugis-Belanda dan sebuah kamus Makassar-Belanda yang tebal-tebal.

disimpan *to be kept*
perpustakaan *library*
yayasan *foundation*
menerbitkan (terbit) *to publish*
bunga rampai *anthology*
memuat *to contain*
seleksi *selection*
hasil outcome, result
penelitian (teliti) *investigation*
sebuah *a* (numerical classifier)

55

60

Huruf yang dipakai dalam naskah-naskah Bugis-Makassar kuno adalah *aksara lontara*, sebuah sistem huruf yang asal dari huruf Sanskerta. Katanya dalam abad ke-16, sistem *aksara lontara* itu disederhanakan oleh Syahbandar Kerajaan Gowa, Daeng Pamatte. Dalam naskah-naskah sejak zaman itu, sistem Daeng Pamatte itulah yang dipakai. Sejak permulaan abad ke-17, waktu agama Islam dan kesusasteraan Islam mulai mempengaruhi Sulawesi Selatan, maka kesusasteraan Bugis dan Makassar ditulis dalam huruf Arab yang disebut *aksara serang*. [p. 268]

Sanskerta *Sanskrit*
dikatakan *it is said*
disederhanakan *to be simplified*
Syahbandar *Harbourmaster*
permulaan *the beginning of*
mempengaruhi *to influence*

65

70

Menurut dugaan, kata *serang* asal dari Seram. Dulu katanya orang Muslim in Bugis pada mula-mulanya banyak hubungan dengan orang Seram yang lebih dahulu menerima (terima) agama Islam. Di Seram sendiri memang huruf Islam itulah yang biasanya dipakai sebagai tulisan dalam hubungan dengan penyebaran (sebar) agama Islam.

dugaan *assumptions*; **menurut (turut) dugaan** *as far as we know*
Muslim in *Muslims*
penyebaran (sebar) *the spread of*

▶ *CD1 (23)*

Adapun naskah-naskah kuno yang ditulis di daun lontar sekarang sudah sukar untuk didapat. Sekarang hanya tinggal naskah-naskah
75 kuno dari orang Bugis dan Makassar yang ditulis di atas kertas dengan pena atau lidi ijuk dalam *aksara lontara* atau *aksara serang*. Di antara buku terpenting dalam kesusasteraan Bugis dan Makassar adalah buku *Sure Baligo*.
80 Buku ini adalah suatu himpunan amat besar dari mitologi yang bagi banyak orang Bugis dan Makassar masih mempunyai nilai yang keramat.

Kecuali itu ada juga lain-lain himpunan amanah-amanah dari nenek moyang , atau *paseng*, buku
85 himpunan undang-undang, peraturan, dan ke-putusan-keputusan pemimpin-pemimpin (pimpin) adat, atau *rapang*, dan sebagainya.

Kemudian ada juga himpunan-himpunan kesusasteraan yang mengandung (kandung)
90 bahan sejarah, seperti silsilah raja-raja atau *attoriolong*, dan cerita-cerita pahlawan. Cerita-cerita ini sungguhpun pernah ada tetapi dibubuhi sifat-sifat legendaris, atau *pau-pau*. Akhirnya ada juga banyak buku yang
95 mengandung dongeng-dongeng rakyat, roman, cerita-cerita lucu, cerita-cerita binatang yang berlaku seperti manusia dan sebagainya, buku-buku yang mengandung catatan-catatan tentang ilmu gaib, atau *kotika*, dan buku-buku yang
100 berisi syair, nyanian, teka-teki dan sebagainya. *[p. 269]*

Stratifikasi Sosial Lama
H. J. Friedericy pernah menulis (tulis) sebuah disertasi di mana ia menggambarkan pelapisan
105 masyarakat orang Bugis-Makassar dari zaman sebelum pemerintah (perintah) kolonial Belanda menguasai (kuasa) langsung daerah Sulawesi Selatan. Salah satu sumber yang dipakai untuk melakukan rekonstruksinya adalah buku ke-
110 susasteraan Bugis-Makassar asli, *La Galigo*.

---

adapun *now, it so happens that*
sukar *difficult*
didapat *to be found, obtained*
pena *pen*
lidi ijuk *mid-rib of the sugar-palm frond*
terpenting *most important*
himpunan *collection*
nilai *value*
keramat *sacred*

amanah *instructions*
undang-undang *laws, lore*
peraturan *rules, regulations*
keputusan *decisions*
pemimpin (pimpin) *leaders*

mengandung (kandung) *to contain*
bahan *materials*
silsilah *genealogy*
sungguhpun *even though*
tetapi *nevertheless*
sifat *characteristics*
legendaris *legendary*
dongeng rakyat *folktale*
roman *novel*
lucu *comical*
berlaku *to act behave*
catatan *notes*
ilmu gaib *magic*
syair *poetry*
nyanyian *songs*
teka-teki *riddles*

menulis (tulis) *to write*
disertasi *dissertation*
menggambarkan *to describe*
pelapisan *the stratification of*
masyarakat *society*
pemerintah (perintah) *rule*
kolonial *colonial*
menguasai (kuasa) *to control*

Menurut Friedericy dulu ada tiga <u>lapis</u>an pokok, yaitu: *ana karung*, lapisan kaum kerabat raja-raja; *to maradeka*, lapisan orang merdeka yang merupakan sebagian besar dari rakyat Sulawesi
115 Selatan; dan *ata*, lapisan orang budak, yaitu orang yang di<u>tangkap</u> dalam peperangan, orang yang tidak dapat membayar hutang, atau orang yang m elanggar <u>pantang</u>an adat.

rekonstruksinya *its recon-struction*
<u>lapis</u>an *levels, layers*
merdeka *free*
rakyat *people, citizens*
budak *slave*
di<u>tangkap</u> *to be captured*
hutang *debts*
m<u>elanggar</u> *to break, disobey*
<u>pantang</u>an *prohibitions*

▶ *CD1 (24)*

120 *   Dalam <u>usaha</u>nya untuk men<u>cari</u> latar belakang ter<u>jadi</u>nya pelapisan masyarakat itu, Friedericy ber<u>pedom</u>an kepada peranan tokoh-tokoh yang disebut dalam *La Galigo*. Ia ber<u>kesimpul</u>an bahwa masyarakat orang Bugis-Makassar itu
125 pada mula-mulanya hanya terdiri dari dua lapisan. Lapisan *ata* merupakan suatu per<u>kembang</u>an kemudian dalam zaman perkembangan dari organisasi pribumi di Sulawesi Selatan. Pada permulaan abad ke-20, lapisan *ata* mulai hilang
130 karena larangan dari pemerintah kolonial dan <u>desak</u>an dari agama.

latar belakang *background*
ter<u>jadi</u>nya *the occurrence of*
ber<u>pedom</u>an *to be guided by*
tokoh-tokoh *prominent people, characters*
ber<u>kesimpul</u>an *to come to the conclusion*
per<u>kembang</u>an *development, expansion*
organisasi *organisation*
<u>desak</u>an *pressures*

Sesudah Perang Dunia Ke-2, arti dari perbedaan antara lapisan *ana karung* dan *to maradeka* dalam ke<u>hidup</u>an masyarakat juga mulai ber-
135 <u>kurang</u> dengan cepat. Walaupun gelar-gelar *ana karung* seperti *karaenta, puatta, andi* dan *daeng* masih dipakai, toh tidak lagi mempunyai arti seperti dulu. *[p. 276]*

Perang Dunia ke-2 *The Second World War*
arti *significance*
ke<u>hidup</u>an *life, the life of*
ber<u>kurang</u> *to lessen, diminish*
gelar *title*
toh *nevertheless*

[Mattulada, Universitas Hasanuddin]

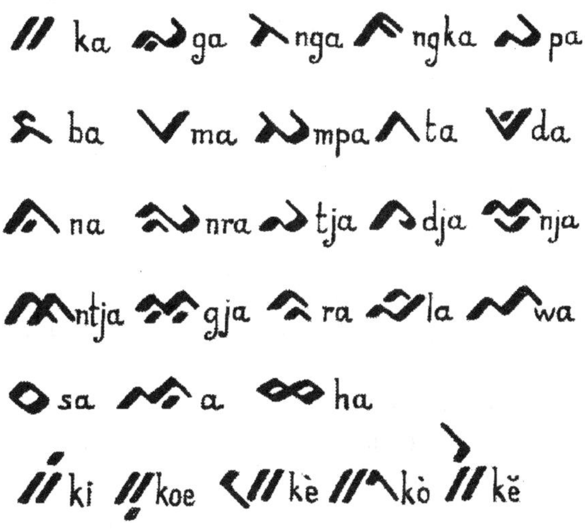

// ka   ga   nga   ngka   pa

ba   ma   mpa   ta   da

na   nra   tja   dja   nja

ntja   gja   ra   la   wa

sa   a   ha

ki   koe   kè   kò   kĕ

Figure 15: Tulisan Bugis-Makassar

Figure 16: Lontar - Cuplikan 'La Galigo'

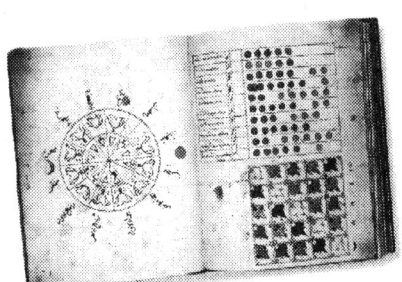

Figure 17: Buku Kotika

LATIHAN
Exercises

I   **TATABAHASA**   Grammar

6.1A   You are given 5 utterances taken from Lessons 3, 5 and 6. In each of these utterances a blank space has been left to show where the prefix *peng-* has been omitted from one or more of the verbs.

(a)   Write the correct form of the *peng-* prefix in the space provided, making changes to the initial sound of the verb root where required.

(b)   Translate each utterance into English.

The prefixes *peng-* and *pe-* are nominal affixes indicating, respectively, the agent and patient in an utterance. The agent may be defined as one who carries out an action, and the patient as one experiencing an action. *Peng-* is related to the verbal affix *meng-*, and *pe-* to *ber-*. Only utterances exemplifying the use of *peng-* are presented.

English has no formal distinction between agent and patient, and consequently both of these roles are shown by variant spellings of the same suffix, either *-er* or *-or*. Examples of agents in English are "singer" (sing+er) "one who sings" and "narrator" (narrate + or) "one who narrates".

The prefix *peng-* has five forms which are determined by the initial sound of the root word. These are the same changes which apply to the prefix *meng-*.

Peng- retains its full form when affixed to roots beginning with *h*, *g* and *k*. The *k* is then deleted after *meng-* is prefixed to the root.

Peng- becomes *pem-* when affixed to roots beginning with *b*, *p* and *f*. The *f* and *p* are then deleted.

Peng- becomes *pen-* when affixed to roots beginning with *j*, *c*, *z*, *d* and *t*. The *t* is then deleted.

Peng- becomes *peny-* when affixed to roots beginning with *s*. The *s* is then deleted.

Peng- becomes *pe-* when affixed to roots beginning with *r*, *l*, *w*, *y*, *m*, *n*, *ny* and *ng*.

---

1. Kecuali itu ada juga lain-lain himpunan amanah-amanah dari nenek moyang, atau *paseng*, buku himpunan undang-undang, peraturan, dan keputusan-keputusan ___ pimpin- ___ pimpin adat, atau *rapang*, dan sebagainya.

2. Daerah pegunungan masih dapat memberikan hidup kepada ___ huninya berkat penggunaan teknik irigasi dan pemakaian pupuk.

3. ___ duduk daerah pegunungan itu adalah petani yang mengerjakan tanahnya dengan rajin

4. *Opo Wailan Wangko* dianggap sebagai ___ cipta seluruh alam dan dunia dan segala isinya yang dikenal oleh manusia yang memujanya.

5. *Karéma* dianggap sebagai ___ bawa adat, khususnya cara-cara pertanian.

6.1B You are given 5 utterances taken from Lessons 5 and 6. In each utterance a verb with the prefix *meng-* is underlined.

(a) Translate each utterance into English.
(b) Rewrite the utterance replacing the *meng-* prefix with the appropriate form of *peng-* making any other changes which may be required. Keep in mind that when a verb is derived as an agent noun with the prefixing of *peng-*, all existing verb suffixes are deleted.

In utterances with agent nouns, such as the ones you will be creating, the agent may be preceded optionally by *adalah* or *ialah*.
(c) Translate the resulting new utterance into English.

1. Orang Bugis <u>mengucapkan</u> bahasa Ugi dan orang Makassar bahasa Mangasara.

_____

_____

_____

_____

_____

_____

6.5   Rearrange the following utterances so that they are in the correct order. Place the numbers 1-5 in the spaces provided to show the order you have chosen.

A. ___ Keadaan ini menyebabkan perantauan tersebut, misalnya ke daerah-daerah pantai timur dan utara Sumatra, pantai barat Malaya, dan pantai barat dan selatan Kalimantan.

B. ___ Dalam zaman itu ada suatu rangkaian peperangan antara kerajaan-kerajaan di Sulawesi Selatan.

C. ___ Demikianlah telah ada suatu keadaan tak aman sejak lebih dari tiga abad lamanya.

D. ___ Perantauan orang Bugis-Makassar sudah berlangsung sejak abad ke-16.

E. ___ Ini disambung dengan peperangan-peperangan melawan Belanda dalam abad ke-19.

6.6   Read the utterances in the first column, then look for an utterance in the second column that has the same meaning or the closest similar meaning. Write the letter of that utterance in the space provided.

1. ___ Huruf yang dipakai dalam naskah-naskah Bugis-Makassar kuno adalah *aksara lontara*.

A. Sistem *aksara serang* digunakan dalam kesusasteraan Bugis-Makassar sejak kira-kira tahun 1600.

2. ___ Dalam naskah-naskah sejak abad ke-16 sistem Daeng Pamatte yang dipakai.

B. Pada zaman dahulu orang Bugis-Makassar menggunakan tulisan yang berasal dari huruf Sanskerta dalam kesusasteraan mereka.

3. ___ Sejak permulaan abad ke-17, kesusasteraan Bugis-Makassar ditulis dalam huruf Arab.

C. Agama Islam dan kesusasteraannya mulai mempengaruhi Sulawesi Selatan pada permulaan abad ke-17.

4. ___ Menurut dugaan, kata *serang* asal dari Seram.

D. Pada zaman dulu orang Islam dari Sulawesi Selatan sering berhubungan dengan orang Seram yang lebih awal dipengaruhi Islam.

5. ___ Orang Muslimin Bugis pada mula-mulanya banyak hubungan dengan orang Seram yang lebih dahulu menerima agama Islam.

E. Di Seram sendiri memang huruf Islam itulah yang biasanya dipakai sebagai tulisan dalam hubungan dengan penyebaran agama Islam.

F. Banyak orang mengira bahwa asalnya huruf Arab itu adalah dari pulau Seram.

G. Sistem *aksara lontara* yang disederhanakan oleh Syahbandar Kerajaan Gowalah yang digunakan sejak kira-kira tahun 1500.

6.7 Fill in the blanks in the following passage with the appropriate words. Choose these words from the following list. Use each word only once. Two words are extra and do not fit the selection.

terpenting	bagi	adapun
sebagaimana	nilai	pena
tinggal	kemudian	adalah
yang	himpunan	sukar

1 _____ naskah-naskah kuno yang ditulis di

daun lontar sekarang sudah 2 _____ untuk didapat.

Sekarang hanya 3 _____ naskah-naskah kuno dari

orang Bugis dan Makassar 4 _____ ditulis di atas

kertas dengan 5 _____ atau lidi ijuk dalam *aksara*

lontara atau *aksara serang*. Di antara buku 6 _____

dalam kesusasteraan Bugis dan Makassar 7 _____

buku *Sure Baligo*. Buku ini adalah suatu 8 _____

amat besar dari mitologi yang 9 _____ banyak

orang Bugis dan Makassar masih mempunyai 10 _____

yang keramat.

6.8* In Column 1 are the three divisions of early South Sulawesi society. Column 2 contains ten statements, each of which relates to one of these divisions. Place the letter of each of these statements beneath the social division in Column 1 which it refers to.

1. Ana karung
   ___
   ___
   ___
   ___
   ___
   ___

   A. Lapisan orang yang melanggar pantangan adat.

   B. Lapisan yang mulai hilang karena larangan dari pemerintah kolonial dan desakan dari agama.

   C. Lapisan kaum kerabat raja-raja.

   D. Lapisan orang budak.

2. To maradeka
   ___
   ___
   ___
   ___
   ___
   ___

   E. Lapisan orang merdeka.

   F. Lapisan yang merupakan suatu perkembangan kemudian.

   G. Lapisan yang mempunyai gelar-gelar seperti *karaenta, puatta, andi* dan *daeng*.

3. Ata
   ___
   ___
   ___
   ___
   ___
   ___

   H. Lapisan orang yang tidak dapat membayar hutang.

   I. Lapisan sebagian besar dari rakyat Sulawesi Selatan.

   J. Lapisan orang yang ditangkap dalam peperangan.

III   PEMBICARAAN   Discussion

6.9   1.   Mengapa penting suatu masyarakat mempunyai himpunan atau buku seperti yang terdapat dalam masyarakat Bugis-Makassar, contohnya himpunan amanah-amanah dari nenek moyang, atau *paseng*, keputusan-keputusan pemimpin-pemimpin adat *(rapang)* silsilah raja-raja, atau *attoriolong*, dan sebagainya? Apakah pendapat Anda?

2.   Dalam masyarakat Anda, buku atau himpunan apa yang menyerupai buku atau himpunan yang terdapat di masyarakat Bugis-Makassar dahulu? Diskusikan.

6.10*   1.   Menurut pendapat Anda, bagaimana wujud stratifikasi sosial dalam suatu masyarakat?

2.   Bandingkan perubahan lapisan masyarakat dalam masyarakat Anda dengan perubahan lapisan masyarakat Bugis-Makassar. Apakah persamaan dan perbedaannya?

BACAAN 7

RUMAH DAN MATA PENCARIAN
ORANG DAERAH PANTAI UTARA IRIAN JAYA
The Houses and Livelihood of the North Coast Peoples of Irian Jaya

▶ *CD2 (1)*

Suatu desa di Daerah Pantai Utara terdiri dari beberapa deret rumah di atas tiang. Rumah-rumah itu tersusun rapi di kedua tepi dari suatu
5 jalan tengah. Bangunan-bangunan pusat dari desa adalah gereja yang biasanya merangkap menjadi tempat pertemuan umum. Kemudian biasanya ada sekolah desa dan rumah pos. Rumah pos ini bisa dipakai sebagai tempat
10 bermalam bagi patroli polisi dan pegawai pemerintah (perintah) yang sedang turne, dan juga sebagai tempat bermalam bagi orang-orang dari desa-desa lain yang sedang berjalan lalu. Rumah pos di desa dibangun atas instruksi
15 pemerintah sejak lama.

deret *rows*
tersusun *to be arranged*
rapi *neatly*
bangunan *building*
pusat *central*
gereja *church*
merangkap *to also serve as; to double as*
pertemuan *meeting*
pos *post*
bermalam *to spend the night*
patroli *patrol*
pegawai *official*
pemerintah (perintah) *government*
turne *on tour, on official business*
berjalan lalu *to pass through*
instruksi *directive, instructions*

Rumah

Rumah di desa daerah Pantai Utara merupakan suatu bangunan persegi panjang, di atas tiang dengan tinggi seluruhnya kira-kira 4,30 meter.
20 Rumah itu biasanya berukuran empat meter lebar, lima meter panjang, dan tiga meter tinggi. Di dalamnya terdapat satu dua ruangan atau lebih, suatu ruangan untuk tempat duduk keluarga merangkap dapur, dan satu dua
25 ruangan lain untuk ruang tidur. Walaupun demikian, cukup banyak juga rumah yang hanya terdiri dari suatu ruangan tempat semua penghuninya tinggal bersama. [p. 73]

persegi panjang *rectangular*
berukuran *to measure*
lebar *wide*
ruangan *room*
dapur *kitchen*
cukup banyak *very many*

Rangka rumah dibuat dari balok yang diikat
30 satu pada yang lain dengan tali rotan. Dinding
terdiri dari tangkai kering lurus panjang dari
daun sagu yang disusun sejajar rapi dan diikat
satu pada yang lain dengan tali rotan juga.
Lantai terdiri dari strip-strip panjang dari kulit
35 pohon bakau yang, walaupun disusun serapi
mungkin, toh masih sering pula bercelah-celah
cukup lebar untuk menjebloskan kaki.

rangka *frame*
balok *beam*
diikat *to be tied*
rotan *rattan*
tangkai *stem*
lurus *straight*
sagu *sago*
disusun *to be arranged*
sejajar *in parallel rows*
strip *strip*
kulit *bark*
bakau *mangrove tree*
serapi mungkin *as neatly (closely) as possible*
bercelah *to contain gaps, spaces*
menjebloskan *to allow to fall through*

Atap rumah terdiri juga dari suatu rangka balok
dan dahan kayu bakau yang lebih kecil. Rangka
40 ini ditutup dengan jerami atau lipatan daun
kelapa yang disusun berlapis-lapis tebal, dan
diikat dengan tali rotan pada kerangka atap.
Kadang-kadang rumah diberi jendela, tetapi
sering juga tidak. Untuk masuk rumah dari
45 pintu ada tangga yang bisa diletakkan sebagai
tanda bahwa para penghuni tidak ada di rumah.

atap *roof*
jerami *straw*
lipatan *folds*
berlapis *in layers*
kerangka *framework*
diletakkan *to be put aside*

▶ *CD2 (2)*

Penempatan (tempat) suatu rumah baru menurut
adat istiadat orang desa Pantai Utara pada
50 umumnya membutuhkan suatu pesta yang agak
besar bernama *nuanyadeka*. Di pesta ini ada
unsur penukaran (tukar) pemberian antara kaum
kerabat istri si penghuni yang menolong dalam
proses pembangunan rumah, dengan kaum
55 kerabat suami yang justru menjadi tamu pada
upacara itu. *[p. 74]*

penempatan (tempat) *the occupancy of*
adat istiadat *traditional customs*
membutuhkan *to require, call for*
penukaran (tukar) *an exchange of*
pemberian *gifts*
proses *process*
pembangunan *the building of*
tamu *guest*

Meramu Sagu

Suatu mata pencarian yang terpenting adalah
meramu sagu, atau *pom*. Dalam hal mencari
60 sagu itu seorang laki-laki biasanya bekerja sama
dengan iparnya. Dalam suatu pasangan seperti
itu seorang dengan iparnya akan bersama-sama

meramu *to gather, collect*
iparnya *brother-in-law*
pasangan *pair*
berumur *to be of the age*
dikuliti *to be stripped of its*

menebang pohon sagu yang ber<u>umur</u> delapan sampai 12 tahun. Pohon setelah tumbang
65 di<u>kuliti</u>, dan <u>teras</u>nya, yang terdiri dari serat-serat penuh dengan tepung, di<u>pukul</u>-pukul dengan sebuah alat tertentu. Kemudian serat-serat teras yang telah di<u>lepas</u>kan tadi diberikan kepada istri-istri dari kedua pe<u>mukul</u> (pukul)
70 untuk di<u>cuci</u> <u>tepung</u>nya. Tepung itu kemudian di<u>ramas</u>nya supaya bersih. Tepung sagu basah itu di<u>angkat</u> oleh keempat orang itu sendiri dari tempat me<u>mukul</u> (pukul) ke perahu lesung yang di<u>ikat</u>kan di rawa itu juga untuk kemudian
75 di<u>dayung</u> pulang ke desa.

bark
terasnya *the hard core of it*
serat *fibres*
tepung *flour*
alat *tool, implement*
dipukul *to be beaten*
dilepaskan *to be freed, separated*
pemukul (pukul) *those doing the pounding*
diramasnya *to be kneaded*
basah *wet*
diangkat *to be carried*
memukul (pukul) *to pound*
diikatkan *to be tied*
rawa *swamp, marsh*
didayung *to be rowed*

Sagu biasanya dimakan sebagai bubur atau juga sebagai semacam roti bakar dengan lauk-pauk daging, ikan, binatang kerang dan kadang-kadang sayur-mayur. Ada juga roti yang dibuat
80 dari tepung sagu yang di<u>campur</u> dengan kelapa <u>parut</u>an yang dibakar. *[p.75]*

bubur *porridge*
roti bakar *toasted bread*
kerang *cockle shell*
sayur-mayur *various kinds of vegetables*
parutan *grated*

Mencari Ikan ▶ *CD2 (3)*
Pada penduduk Pantai Utara mencari ikan memang merupakan mata pencarian pokok. Dalam
85 aktivitas ini termasuk juga usaha mencari binatang kerang, berbagai jenis udang dan kepiting, binatang-binatang pantai, kura-kura dan sebagainya. Semua ini dimakan sebagai lauk-pauk yang enak pada bubur atau roti sagu. Orang laki-
90 laki dan wanita mencari ikan, kerang, dan lain-lain itu, baik di rawa, di sungai, di danau maupun di laut. <u>Waktu</u>nya tidak tentu, bisa pagi, siang hari, sore hari ataupun tengah malam.

aktivitas *activity*
udang *prawn*
kepiting *crab*
kura-kura *turtle*
tengah malam *midnight*

Usaha mencari ikan jarang dilakukan secara
95 gotong royong luas dalam hubungan kelompok-kelompok bekerja sama yang besar. Di sini pun keluarga-keluarga batih suami-istri, atau paling banyak dua keluarga batih bersama-sama pergi ke rawa, sungai, danau atau laut dalam perahu
100 lesung untuk me<u>mancing</u> (pancing) atau me-<u>nombak</u> (tombak) ikan.

keluarga batih *nuclear family*
me<u>mancing</u> (pancing) *to fish with a hook and line*
me<u>nombak</u> (tombak) *to spear*

Pancing yang mempunyai tali nylon dan kail besi bisa dibeli di toko Cina, sedangkan tombak ikan yang mempunyai mata dari besi juga
105 merupakan barang impor yang bisa dibeli di toko. Teknik menangkap (tangkap) ikan dengan jala <u>buat</u>an sendiri kadang-kadang juga di<u>jalan</u>-kan, tetapi menangkap ikan dengan perangkap-perangkap ikan atau dengan cara me<u>racun</u> air
110 adalah amat lazim.

pancing *fishing tackle*
kail *hook*
besi *steel, iron*
mata *barb, point*
impor *import*
me<u>nangkap</u> **(tangkap)** *to catch*
<u>buat</u>an *made by*
di<u>jalan</u>kan *to be carried out*
me<u>racun</u> *to poison*

Berburu　　　　　　　▶ *CD2 (4)*
*　　Ber<u>buru</u> adalah juga suatu mata pencarian penting, tetapi yang khususnya dilakukan oleh orang laki-laki. Dalam aktivitas-aktivitas ini pun
115 jarang tampak usaha bersama dari kelompok-kelompok berburu yang besar, tetapi hanya suatu kerja sama antara dua tiga orang laki-laki saja.

ber<u>buru</u> *to hunt*
khusus<u>nya</u> *exclusively*

Binatang yang diburu adalah terutama babi, tapi
120 dalam per<u>jalan</u>an orang sering juga me<u>nembak</u> (tembak) atau menangkap ber<u>aneka</u> warna macam binatang yang aneh, seperti ular, kelelawar, dan juga ber<u>macam</u>-macam burung. Burung ini mulai dari burung-burung di tanah seperti
125 kasuari sampai burung-burung yang terbang tinggi. Babi di<u>giring</u> oleh anjing ke suatu tempat di mana ada orang yang telah siap ber<u>jaga</u> untuk me<u>nembak</u>nya (tembak) dengan panah. Sering kali suatu regu pergi menembak babi pada
130 malam hari dengan senter. *[p. 76]*

dalam per<u>jalan</u>an *on the trip, on the way*
me<u>nembak</u> (tembak) *to shoot*
ber<u>aneka</u> ***warna*** *various types*
aneh *unusual*
kelelawar *cave bat*
<u>mula</u>i dari *range from*
kasuari *cassowary*
di<u>giring</u> *to be driven*
anjing *dog*
ber<u>jaga</u> *to stand watch*
panah *arrow, bow and arrow*
regu *team*
senter *torchlight*

[Koentjaraningrat, Universitas Indonesia]

Figure 18: Perahu lesung

Figure 19: Memukul sagu

Figure 20: Balai roh

Figure 21: Rumah

LATIHAN
Exercises

I   **TATABAHASA**   Grammar

7.1   You are given 10 pairs of utterances selected from Lessons 1-7. These utterances compare the use of verbs suffixed with -*kan* to the same verbs which have no suffix at all.

(a) Translate each pair of utterances into English and then examine the meaning of each. Pay particular attention to the meaning of the underlined verbs in each pair.

(b) Explain one difference between the verbs suffixed with -*kan* and those which are not suffixed. Present two examples from the following utterances to support your explanation.

1.   (a) Dalam hal mencari sagu, seorang laki-laki biasanya <u>bekerja</u> sama dengan iparnya.

_____

_____

(b) Penduduk daerah pegunungan adalah petani yang <u>mengerjakan</u> tanahnya dengan rajin.

_____

_____

2.   (a) Di pesta *nuanyadeka* ada unsur penukaran pemberian antara kaum kerabat istri si penghuni yang menolong dalam proses pembangunan rumah, dengan kaum kerabat suami yang justru <u>menjadi</u> tamu pada upacara itu.

_____

_____

_____

_____

3. balok: _____

_____

_____

_____

4. tali rotan: _____

_____

_____

_____

5. lipatan daun kelapa: _____

_____

_____

_____

6. tangga: _____

_____

_____

7.5 Rearrange the following utterances so that they are in the correct order. Place the numbers 1-5 in the spaces provided to show the order you have chosen.

A. __ Rumah itu merupakan suatu bangunan persegi panjang di atas tiang dengan tinggi seluruhnya kira-kira 4,30 meter.

B. __ Walaupun demikian, cukup banyak juga rumah yang hanya terdiri dari suatu ruangan tempat semua penghuninya tinggal bersama.

C. __ Di dalamnya terdapat suatu dua ruangan atau lebih, suatu ruangan untuk tempat duduk keluarga merangkap dapur, dan satu dua ruangan lain untuk ruang tidur.

D. __ Suatu desa di Daerah Pantai Utara terdiri dari beberapa deret rumah yang tersusun rapi di kedua tepi dari suatu jalan tengah.

E. ___ Biasanya ukurannya empat meter lebar, lima meter panjang, dan tiga meter tinggi.

7.6   Complete the sentences found in the first column by selecting an appropriate ending to the sentence found in the second column. Write the letter of the sentence ending found in second column in the space provided.

1. ___ Dalam hal mencari sagu

A. seorang laki-laki biasanya bekerja sama dengan iparnya.

2. ___ Dalam suatu pasangan seperti itu, seorang dengan iparnya

B. oleh keempat orang sendiri dari tempat memukul.

3. ___ Pohon setelah tumbang dikuliti dan terasnya dipukul

C. diberikan kepada istri-istri dari kedua pemukul untuk dicuci tepungnya.

4. ___ Kemudian serat-serat teras yang telah dilepaskan tadi

D. akan bersama-sama menebang pohon sagu yang berumur delapan sampai 12 tahun.

5. ___ Tepung itu kemudian diramasnya supaya bersih dan diangkat dari

E. yang terdiri-dari serat-serat penuh dengan tepung.

F. dengan sebuah alat tertentu.

G. tempat memukul ke perahu lesung untuk kemudian didayung pulang ke desa.

7.7   Read the utterances in the first column, then look for an utterance in the second column that has the same meaning or the closest similar meaning. Write the letter of that utterance in the space provided.

1. ___ Pada penduduk Pantai Utara, mencari ikan memang merupakan mata pencarian pokok.

A. Hanya keluarga-keluarga batih suami-istrilah yang bersama-sama pergi ke rawa, sungai, danau atau laut untuk memancing atau menombak ikan.

2. ___ Dalam aktivitas ini termasuk juga usaha mencari binatang kerang, berbagai jenis udang, dan kepiting, kura-kura dan sebagainya.

B. Sagu biasanya dimakan sebagai bubur atau juga semacam roti bakar.

3. ___ Semua ini dimakan sebagai lauk-pauk yang enak pada bubur atau roti sagu.

4. ___ Pencarian ikan, kerang dan lain-lain itu dilakukan baik di rawa, di sungai, di danau maupun di laut.

5. ___ Usaha mencari ikan jarang dilakukan secara gotong royong luas dalam hubungan kelompok-kelompok bekerja sama yang besar.

C. Binatang kerang, udang, kepiting, kura-kura dan sebagainya dijadikan makanan pokok dan dimakan bersama berbagai jenis sagu yang telah dimasak.

D. Kehidupan orang setempat tergantung terutama pada penangkapan ikan.

E. Waktu mencari ikan atau binatang-binatang laut dan binatang pantai lainnya tidak tentu.

F. Kegiatannya termasuk menangkap segala jenis binatang laut dan pantai.

G. Ikan dan binatang-binatang laut dan binatang pantai lainnya dicari di semua daerah perairan.

7.8* Incorporate the following phrases into a complete utterance which serves to exemplify each. The first utterance is presented as an example.

1. teknik menangkap ikan
2. kelompok berburu
3. binatang terutama yang diburu
4. beraneka warna macam binatang yang aneh
5. burung di tanah
6. binatang yang menggiring babi

1. Teknik menangkap ikan adalah dengan jala, perangkap ikan atau dengan cara meracun air.

2. kelompok berburu: _____

_____

_____

_____

3. binatang terutama yang diburu: _____

_____

_____

_____

4. beraneka warna macam binatang yang aneh: _____

_____

_____

_____

_____

5. burung di tanah: _____

_____

_____

_____

6. binatang yang menggiring babi: _____

_____

_____

_____

III PEMBICARAAN   Discussion

7.9   1. Nyatakan urutan tahap-tahap pokok dalam membangun rumah desa di daerah Pantai Utara Irian Jaya.

2. Mengapa terdapat perbedaan antara rumah di Irian Jaya dengan rumah di negara Anda? Sebutkan semua hal pokok.

7.10*   1. Bandingkan tiga mata pencarian pokok orang Pantai Utara Irian Jaya, yaitu meramu sagu, mencari ikan dan berburu, dari segi pekerjaan laki-laki dan wanitanya.

2. Apakah ada perbedaan pekerjaan laki-laki dan wanita dalam masyarakat Anda? Bicarakan.

BACAAN 8

BAHASA, SISTEM KEKERABATAN
DAN SISTEM KEMASYARAKATAN MINANGKABAU
Language, the Family and Society of the Minangkabau

▶ *CD2 (5)*

Daerah asal dari kebudayaan Minangkabau kira-kira seluas daerah propinsi Sumatra Barat sekarang ini. Terlepas dari daerah asal ini, pen-
5 dukung kebudayaan Minangkabau juga tersebar di beberapa tempat di Sumatra dan juga di Malaya. *[p. 248]*

seluas *the extent of*
terlepas dari *apart from*
pendukung *proponents of*

Minangkabau tidak dapat dianggap sebagai suatu kesatuan yang benar-benar. Masing-masing
10 orang Minangkabau dahulu hanya mempunyai kesetiaan kepada *nagari* mereka sendiri dan tidak kepada keseluruhan Minangkabau. Orang dari suatu *nagari* yang tinggal di *nagari* lain akan dianggap sebagai orang asing.

kesetiaan *loyalty*
keseluruhan *the totality of, the whole of*
asing *foreign*

15 **Bahasa**
Orang Minangkabau menggunakan suatu bahasa yang sama yang disebut bahasa Minangkabau, sebuah bahasa yang erat berhubungan dengan bahasa Melayu. Menurut penelitian ilmu bahasa,
20 bahasa Minangkabau boleh merupakan sebuah bahasa tersendiri, tetapi boleh juga dianggap sebagai sebuah dialek saja dari bahasa Melayu. Kata-kata dalam bahasa Melayu umumnya dapat dicarikan kesamaannya dalam bahasa
25 Minangkabau dengan jalan merobah bunyi-bunyi tertentu saja. Perhatikanlah contoh-contoh berikut ini: *jua* "jual", *taba* "tebal", *lapa* "lapar", *saba* "sabar", *takuik* "takut", *sabuik* "sabut", *alui* "halus" dan *apui* "hapus". Di samping itu banyak
30 kata-kata yang sama betul antara bahasa Melayu dan Minangkabau.

erat *close*
ilmu bahasa *linguistics*
dialek *dialect*
dicarikan *to be found*
kesamaannya *its equivalent*
merobah *to change*
bunyi *sound*
perhatikanlah *pay attention to*
contoh *example*
sabar *patient*
sabut *coconut husk*
halus *refined*
hapus *to eliminate*

Kalau orang mencoba mengadakan perbedaan di antara orang-orang Minangkabau, maka per-

mencoba *to try, attempt*
mengadakan *to establish*

35 bedaan itu biasanya dihubungkan dengan perbedaan dialek yang ada dalam bahasa Minangkabau. Secara garis besar daerah pemakaian bahasa Minangkabau dibedakan dalam dua daerah besar, yaitu daerah /a/ dan daerah /o/ berdasarkan keadaan yang ada pada contoh berikut ini:

40 *[p. 249]*

Bahasa Melayu	Dialek /a/	Dialek /o/
penat	panek	ponek
mana	ma	mano
lepas	lapeh	lopeh

45 Di samping ini ada perbedaan yang bersifat dialek lainnya dan ada yang dapat dianggap sebagai [perbedaan] bahasa umum. *[p. 250]*

Sistem Kekerabatan ▶ *CD2 (6)*

Garis keturunan dalam masyarakat Minangkabau
50 diperhitungkan menurut garis matrilineal. Seorang termasuk dalam keluarga ibunya dan bukan keluarga ayahnya. Seorang ayah berada di luar keluarga anak dan istrinya.

Kesatuan keluarga yang terkecil adalah *paruik*
55 (perut). Dalam sebagian masyarakat Minangkabau ada kesatuan *kampueng* yang memisahkan (pisah) *paruik* dengan *suku* sebagai kesatuan kekerabatan. Kepentingan suatu keluarga diurus oleh seorang laki-laki dewasa dari keluarga itu
60 yang bertindak sebagai *niniek mamak* bagi keluarga itu. Istilah *mamak* itu berarti saudara laki-laki ibu. Tanggung jawab untuk memperhatikan kepentingan sebuah keluarga memang terletak pada pundak seorang atau beberapa
65 orang *mamak*.

Suku dalam kekerabatan Minangkabau menyerupai (serupa) suatu klen matrilineal dan jodoh harus dipilih di luar *suku*. Di beberapa daerah, seorang hanya terlarang kawin dalam *kampuengnya* sendiri,
70 sedangkan di daerah-daerah lain orang harus kawin di luar *sukunya* sendiri. Secara historis mungkin dapat dikatakan bahwa dulu seorang selalu harus kawin ke luar dari *sukunya* sendiri.

dihubungkan *to be related, connected*

garis besar *broad outline*; **secara garis besar** *generally, broadly speaking*

bersifat *to have the characteristics of*

garis keturunan *line of descent*

diperhitungkan *to be calculated*

matrilineal *matrilineal*

ayah *father*

perut *stomach*

memisahkan (pisah) *to separate*

kekerabatan *kin*

kepentingan *the interests of*

diurus *to be looked over, managed*

dewasa *adult*

bertindak *to act as*

tanggung jawab *responsibility*

memperhatikan *to look after*

pundak *shoulder*

menyerupai (serupa) *to resemble; to be like*

jodoh *marriage partner, mate*

dipilih *to be chosen*

terlarang *to be forbidden*

secara historis *historically*

75 Pada masa dulu, ada adat bahwa orang se<u>dapat</u>
mungkin kawin dengan anak perempuan *mamak*-
nya, atau gadis-gadis yang dapat di<u>golong</u>kan
demikian. Karena berbagai keadaan timbul
beberapa bentuk lain, misalnya kawin dengan
kemenakan perempuan (anak saudara perempuan)
80 ayahnya. Orang juga boleh kawin dengan saudara
perempuan suami saudara perempuannya sendiri,
atau pertukaran ini dalam bahasa Inggris disebut
bride exchange. Dalam zaman sekarang pola-
pola ini juga mulai hilang. *[p. 256]*

se<u>dapat</u> mungkin *as far as
possible*
di<u>golong</u>kan *to be classified*
timbul *to arise, come about*
anak saudara perempuan
niece
**saudara perempuan suami
saudara perempuannya sen-
diri** *one's brother-in-law's
sister*
per<u>tukar</u>an *exchange*
pola *pattern*
hilang *disappear*

85 **Sistem Kemasyarakatan** ▶ *CD2 (7)*
Dari kelompok kekerabatan seperti *paruik,
kampueng* dan *suku*, hanya *kampueng* dan *suku*
dapat dianggap sebagai kelompok yang formal.
Suku di<u>pimpin</u> oleh *panghulu suku* sedangkan
90 *kampueng* oleh seorang *panghulu andiko* atau
datuek kampueng. Selain dari kelompok-kelompok
ini, masyarakat Minangkabau tidak mengenal
organisasi-organisasi yang bersifat adat yang
lain.

ke<u>masyarak</u>atan *social*
formal *formal*
di<u>pimpin</u> *to be led by*

95 Sebuah *suku* di samping mempunyai seorang
panghulu suku juga mempunyai seorang *dubalang*
dan *manti*. *Dubalang* ber<u>tugas</u> menjaga ke<u>aman</u>an
sebuah *suku* sedangkan *manti* berhubungan
dengan tugas-tugas keamanan.

ber<u>tugas</u> *to undertake duties*
ke<u>aman</u>an *safety, security*

100 Dalam beberapa masyarakat seorang *panghulu
suku* dipilih, <u>meskipun</u> dari suku-suku tertentu.
Pada masyarakat lain *panghulu* menjadi hak
yang hanya dimiliki oleh sebuah keluarga saja
dalam sebuah *suku* tertentu. Kalau keluarga itu
105 habis, hak baru dapat pindah kepada keluarga
lain. Keadaan ini dapat dikatakan berhubungan
dengan ada atau tidaknya stratifikasi sosial yang
keras dalam masyarakat itu.

<u>meskipun</u> *although*
habis *to be finished, dies out*
pindah *to transfer*
stratifikasi *stratification*
keras *strict*

Stratifikasi Sosial
110 Me<u>ngenai</u> (kena) stratifikasi sosial ada tiga
macam keadaan di daerah Minangkabau. Dalam
beberapa masyarakat keadaan itu boleh dikatakan
meliputi seluruh kehidupan masyarakat, se-
<u>bagai</u>mana terdapat pada masyarakat di Padang

me<u>ngenai</u> (kena) *regarding*
se<u>bagai</u>mana *as is*
golongan *group*
bangsawan *nobles, aristocrats*
ke<u>duduk</u>an *position*

115   dan Pariaman. Pada masyarakat ini <u>golong</u>an bangsawan betul-betul mempunyai ke<u>duduk</u>an yang tinggi dalam masyarakat. Seorang laki-laki bangsawan pernah mendapat pe<u>layan</u>an yang istimewa. *[p.257]*

pelayanan *treatment, service*
istimewa *special*

120

▶ *CD2 (8)*

*   Dalam beberapa masyarakat lain, sistem itu memang ada, tapi tak amat me<u>nges</u>an (kesan) dan hanya tampak dalam hubungan perkawinan saja. Seorang wanita dari golongan bangsawan 125   akan di<u>larang</u> untuk me<u>ngawin</u>i (kawin) seorang laki-laki biasa, apalagi laki-laki dari golongan paling bawah dalam masyarakat itu.

me<u>nges</u>an (kesan) *to be obvious*
di<u>larang</u> *to be forbidden*
me<u>ngawin</u>i (kawin) *to marry*

Dalam beberapa masyarakat lainnya lagi, pem-<u>bagi</u>an itu makin kabur, sehingga sulit untuk 130   dapat di<u>lihat</u> dengan cepat. Dalam hubungan ini, keadaan itu dapat di<u>katak</u>an tidak menunjukkan suatu sistem sama sekali. *[p. 258]*

pem<u>bagi</u>an *the division of*
kabur *obscure*
sama sekali *at all*

[Umar Junus, Universitas Malaya]

Figure 22: Desa Minangkabau

Figure 23: Mesjid Minangkabau

Figure 24: Rumah dan lumbung padi Minangkabau

LATIHAN
Exercises

I   **TATABAHASA**   Grammar

8.1   You are given 10 utterances chosen from Lessons 5-8. The underlined verbs in the first five utterances are active. This is shown by prefixing the verb with *meng-*. The underlined verbs in the second five utterances are passive. This is shown by prefixing the verb with *di-*.

(a)   Rewrite each utterance, changing the active verbs to passive and the passive verbs to active, making any other changes in word order which may be required.
(b)   Translate your revised utterances into English.

1.   Orang Minangkabau <u>menggunakan</u> suatu bahasa yang sama yang disebut bahasa Minangkabau.

_____
_____
_____

_____
_____
_____

2.   Dalam sebagian masyarakat Minangkabau kesatuan *kampueng* <u>memisahkan</u> *paruik* dengan *suku* sebagai kesatuan kekerabatan.

_____
_____
_____

_____
_____
_____

9. Pada masyarakat di Padang dan Pariaman   9. _____
    golongan bangsawan betul-betul mempunyai
    <u>kedudukan</u> yang tinggi di masyarakat.

10. Seorang laki-laki bangsawan pernah men-   10. _____
    dapat pelayanan yang <u>istimewa</u>.

8.4   You are given sets of words or phrases. First state the similarities between
the corresponding words in each set, and then state the differences. Write
complete sentences in Indonesian. Refer to Lesson 6 for an example.

1. suatu nagari   keseluruhan Minangkabau
2. sistem kekerabatan   sistem kemasyarakatan
3. garis matrilineal   garis patrilineal
4. suku   paruik
5. panghulu suku   panghulu andiko

1. _____
    _____
    _____
    _____

2. _____
    _____
    _____
    _____

3. _____
    _____
    _____
    _____

4. _____
    _____
    _____
    _____

5. _____
    _____
    _____
    _____

8.5   Fill in the blanks in the following passage with the appropriate words. Choose these words from the following list. Use each word only once. Two words are extra and do not fit the selection.

suatu	tersebar	dapat
seluas	erat	asing
pendukung	kesetiaan	kesatuan
masing-masing	tersendiri	keseluruhan

Daerah asal dari kebudayaan Minangkabau kira-kira 1 _____

daerah propinsi Sumatra Barat sekarang ini. 2 _____

kebudayaan Minangkabau juga 3 _____ di

beberapa tempat lainnya di Sumatra dan juga di Malaya. Minangkabau tidak

4 _____ dianggap sebagai suatu 5 _____

yang benar-benar. 6 _____ orang Minangkabau dahulu

hanya mempunyai 7 _____ kepada *nagari* mereka

sendiri dan tidak kepada 8 _____ Minangkabau. Orang

dari 9 _____ *nagari* yang tinggal di *nagari* lain akan

dianggap sebagai orang 10 _____.

8.6   Read the utterances in the first column, then look for an utterance in the second column that has the same meaning or the closest similar meaning. Write the letter of that utterance in the space provided.

1. ___ Garis keturunan dalam masyarakat Minangkabau diperhitungkan menurut garis matrilineal.

2. ___ Dalam sebagian masyarakat Minangkabau ada kesatuan *kampueng* yang memisahkan *paruik* dengan *suku*.

3. ___ *Suku* dalam kekerabatan Minangkabau menyerupai suatu klen matrilineal dan jodoh harus dipilih di luar suku.

A. Zaman dahulu secara umum seorang laki-laki dan wanita terlarang kawin kalau keduanya berasal dari *suku* yang sama.

B. Karena garis keturunan dalam masyarakat Minangkabau diperhitungkan menurut *suku* kekerabatan, seorang hanya boleh mengawini orang dari *suku* kekerabatan lain.

C. Kesatuan keluarga yang terkecil adalah *paruik*.

4. ___ Di beberapa daerah, se-orang hanya terlarang kawin dalam *kampueng*-nya sendiri, sedangkan di daerah-daerah lain orang harus kawin di luar *suku*nya sendiri.

5. ___ Secara historis, mungkin dapat dikatakan bahwa dulu seorang selalu harus kawin ke luar dari *suku*-nya sendiri.

D. Terdapat daerah di mana perkawin-an harus dilakukan antara laki-laki dan wanita dari *kampueng* yang berbeda, dan daerah di mana ia harus dilakukan antara orang dari *suku* yang berbeda.

E. Seorang Minangkabau termasuk dalam keluarga ibunya, bukan keluarga ayahnya.

F. Dari kelompok kekerabatan se-perti *paruik, kampueng* dan *suku*, hanya *kampueng* dan *suku* yang dapat dianggap sebagai kelompok formal.

G. Terdapat juga di beberapa masya-rakat Minangkabau kesatuan ke-kerabatan yang dipanggil *kampueng* yang kedudukannya berada di antara kesatuan *paruik* dan *suku*.

8.7 Complete the sentences in the first column by selecting an appropriate ending from the second column. Write the letter of that sentence ending in the space provided.

1. ___ Dari kelompok kekerabatan seperti *paruik, kampueng* dan *suku*, hanya *kampueng*

2. ___ *Suku* dipimpin oleh *pang-hulu suku*

3. ___ Selain dari kelompok-kelompok ini, masyarakat Minangkabau tidak

4. ___ Sebuah *suku* di samping mempunyai seorang *pang-hulu suku*

5. ___ *Dubalang* bertugas menjaga keamanan sebuah *suku* sedangkan

A. juga mempunyai seorang *dubalang* dan *manti.*

B. *manti* berhubungan dengan tugas-tugas keamanan.

C. seorang *panghulu suku* dipilih, meskipun dari *suku-suku* tertentu.

D. dan *suku* dapat dianggap sebagai kelompok yang formal.

E. mengenal organisasi-organisasi yang bersifat adat yang lain.

F. sedangkan *kampueng* oleh seorang *panghulu andiko.*

G. *panghulu* menjadi hak yang hanya dimiliki oleh sebuah keluarga saja dalam sebuah *suku* tertentu.

8.8* In column 1 you are given the three different situations which exist regarding social stratification in the Minangkabau region. In Column 2 are various statements which relate to one or more of these situations. Place the letter of each of these statements below the situation or situations they refer to.

1. Meliputi seluruh kehidupan masyarakat

___

___

2. Hanya tampak dalam hubungan perkawinan saja

___

___

3. Makin kabur

___

___

A. Golongan bangsawan betul-betul mempunyai kedudukan yang tinggi dalam masyarakat.

B. Stratifikasi sosial sulit untuk dapat dilihat.

C. Terdapat pada masyarakat di Padang dan Pariaman.

D. Seorang wanita dari golongan bangsawan akan dilarang untuk mengawini seorang laki-laki biasa.

E. Pembagian masyarakat tidak menunjukkan suatu sistem sama sekali.

III   PEMBICARAAN   Discussion

8.9   1. Jelaskan bagaimana kita dapat membedakan antara logat-logat bahasa Minangkabau dan bahasa Melayu. Berikan berbagai contoh untuk mendukung jawaban Anda.

2. Apakah juga terdapat perbedaan logat dalam bahasa Anda? Sebutkan contoh perbedaan-perbedaan yang ada.

3. Apakah ada hubungan antara logat bahasa dengan stratifikasi sosial? Bicarakan.

8.10*   1. Menurut pendapat Anda, mengapa stratifikasi sosial yang ada di daerah Minangkabau sekarang berbeda antara suatu daerah dengan daerah yang lain, dan juga berbeda dengan stratifikasi sosial zaman dahulu?

2. Diskusikan perbedaan stratifikasi sosial yang terdapat dalam masyarakat Anda. Apakah ada perbedaan stratifikasi antara satu tempat dengan yang lain? Terdapat juga perbedaan dibanding dengan zaman dahulu?

BACAAN 9

ORANG TIONGHOA DI INDONESIA
The Chinese in Indonesia

▶ *CD2 (9)*

Orang Tionghoa yang ada di Indonesia sebenarnya tidak merupakan satu kelompok yang asal dari satu daerah di negara Cina, tetapi terdiri
5 dari beberapa suku bangsa. Suku bangsa itu berasal dari dua propinsi, yaitu Fukien dan Kwantung, yang sangat terpencar daerah-daerahnya. Setiap imigran ke Indonesia membawa kebudayaan suku bangsanya sendiri bersama dengan perbedaan
10 bahasanya. Ada empat bahasa Cina di Indonesia, ialah bahasa Hokkien, Teo-Chiu, Hakka dan Kanton yang demikian besar perbedaannya sehingga pembicara dari bahasa yang satu tak dapat mengerti pembicara dari yang lain.

Tionghoa *Chinese*
terpencar *isolated*; **sangat terpencar daerah-daerahnya** *comprising very isolated areas*
imigran *immigrant*
pembicara *the speakers*

15 Para imigran Tionghoa yang terbesar ke Indonesia, mulai abad ke-16 sampai kira-kira pertengahan abad ke-19, asal dari suku bangsa Hokkien. Mereka berasal dari propinsi Fukien bagian selatan. Daerah itu merupakan daerah
20 yang sangat penting dalam pertumbuhan perdagangan orang Cina ke seberang lautan. Kepandaian berdagang ini yang ada di dalam kebudayaan suku bangsa Hokkien telah terendap berabad-abad lamanya dan masih tampak jelas
25 pada orang Tionghoa di Indonesia. Di antara pedagang-pedagang Tionghoa di Indonesia merekalah yang paling berhasil. Hal ini juga disebabkan karena sebagian besar dari mereka sangat ulet, tahan uji dan rajin. Orang Hokkien
30 dan keturunannya yang telah berasimilasi sebagai keseluruhan paling banyak terdapat di Indonesia timur, Jawa Tengah, Jawa Timur dan pantai barat Sumatra.

pertengahan *the middle of*
perdagangan *trade*
seberang lautan *overseas*
kepandaian *skill*
terendap *to become part of (them), to be instilled*
jelas *clearly*
pedagang *traders, merchants*
berhasil *successful*
ulet *persevering, tenacious*
tahan uji *experienced, tried and tested*
rajin *diligent*
berasimilasi *to assimilate*

Imigran Tionghoa yang lain adalah orang Teo-
35 Chiu yang berasal dari pantai selatan negeri

kuli *coolie, labourer*
perkebunan *plantation, estate*

Cina di bagian timur propinsi Kwantung. Orang Teo-Chiu dan Hakka, atau *Khek*, disukai sebagai kuli perkebunan dan pertambangan di Sumatra Timur, Bangka dan Biliton. Walaupun orang

40   Hakka merupakan suku bangsa Cina yang paling banyak merantau ke seberang lautan, mereka bukan suku bangsa maritim. Pusat daerah mereka ialah di pedalaman propinsi Kwantung yang terutama terdiri dari daerah gunung kapur yang

45   tandus. Orang Hakka merantau karena terpaksa atas kebutuhan mata pencarian hidup *[p. 353]*

pertambangan *mining*
merantau *to travel, go abroad, migrate*
maritim *maritime*
pedalaman *interior*
terutama *primarily*
kapur *limestone*
tandus *infertile, barren*

▶ *CD2 (10)*

Selama berlangsungnya gelombang-gelombang imigrasi dari 1859 sampai 1930 orang Hakka

50   adalah yang paling miskin di antara para perantau Tionghoa. Mereka bersama-sama orang Teo-Chiu dipekerjakan di Indonesia untuk mengeksploitasi sumber-sumber mineral. Sampai sekarang orang Hakka mendominasi masyarakat Tionghoa di

55   distrik-distrik tambang emas lama di Kalimantan Barat, Sumatra, Bangka dan Biliton. Sejak akhir abad ke-19, orang Hakka mulai bermigrasi ke Jawa Barat, karena tertarik oleh perkembangan kota Jakarta, dan karena dibukanya daerah

60   Priangan bagi pedagang Tionghoa. Kini banyak orang Hakka menetap (tetap) di Jakarta dan Jawa Barat.

berlangsungnya *to take place*
gelombang *waves*
imigrasi *immigration*
perantau *immigrants, travellers*
dipekerjakan *to be put to work*
mengeksploitasi *to exploit*
mendominasi *to dominate*
distrik *district*
tambang *mines*
emas *gold*
bermigrasi *to migrate*
tertarik *to be attracted*
kini *now*
menetap (tetap) *to stay permanently*

Di sebelah Barat dan Selatan daerah asal orang Hakka di propinsi Kwantung tinggallah orang

65   Kanton, atau *Kwong Fu*. Serupa dengan orang Hakka, orang Kanton terkenal di Asia Tenggara sebagai kuli pertambangan. Mereka bermigrasi dalam abad ke-19 ke Indonesia, sebagian besar tertarik oleh tambang-tambang timah di pulau

70   Bangka. Walaupun mereka mulai merantau ke Indonesia dalam kelompok-kelompok pada waktu yang sama dengan orang Hakka, namun keadaan mereka berlainan. Umumnya mereka datang dengan modal yang lebih besar dan

75   mereka datang dengan ketrampilan teknis dan pertukangan yang tinggi. Di Indonesia mereka terkenal sebagai ahli dalam pertukangan, pemilik toko-toko besi dan industri kecil.

Asia Tenggara *Southeast Asia*
timah *tin*
berlainan *different*
modal *capital*
ketrampilan *skill*
teknis *technical*
ahli *expert, specialist*
pertukangan *craftsmanship*
industri *industry*

Orang Kanton ini jauh lebih tersebar merata di
80 seluruh kepulauan Indonesia kalau dibanding-
kan dengan orang Hokkien, Teo-Chiu, atau
Hakka. Walaupun demikian, tidak banyak dari
mereka tersebar di Jawa Tengah dan Timur,
Kalimantan Selatan dan Timur, Bangka dan
85 Sumatra Tengah.

▶ *CD2 (11)*
Walaupun orang Tionghoa perantau itu terdiri
dari paling sedikit empat suku bangsa, namun
dalam pandangan orang Indonesia pada umum-
90 nya mereka hanya terbagi ke dalam dua golongan,
ialah *peranakan* dan *totok*.

Penggolongan tersebut bukan hanya berdasar-
kan kelahiran saja. Artinya, orang *peranakan* itu
bukan hanya orang Tionghoa yang lahir di
95 Indonesia hasil perkawinan campuran antara
orang Tionghoa dan orang Indonesia, sedangkan
orang *totok* bukan hanya orang Tionghoa yang
lahir di negara Tionghoa. Penggolongan tersebut
juga menyangkut (sangkut) soal derajat
100 penyesuaian (sesuai) dan akulturasi dari para
perantau Tionghoa itu terhadap kebudayaan
Indonesia yang ada di sekitarnya. *[p. 354]*

Daerah di Indonesia yang paling pertama dan
paling lama didatangi oleh para perantau
105 Hokkien, mulai abad ke-16, adalah Jawa Timur
dan Jawa Tengah. Mereka tidak datang dalam
gelombang-gelombang besar, tetapi dalam
kelompok-kelompok kecil. Kebanyakan dari
mereka adalah perantau laki-laki dan karena
110 hanya ada sedikit wanita Tionghoa waktu itu,
maka perkawinan campuran dengan wanita-
wanita Indonesia sering terjadi dalam waktu
empat abad sampai permulaan abad ke-20 ini.
Demikianlah terdapat di Jawa Timur dan Tengah
115 sekarang ini orang-orang *Tionghoa Peranakan*.
Orang ini dalam banyak unsur kehidupannya
telah menyerupai orang Jawa. Mereka telah lupa
akan bahasa asalnya dan yang bahkan dalam
ciri-ciri fisiknya sering juga sudah menyerupai
120 orang Indonesia asli.

merata *all over*
dibandingkan *to be compared to*

pandangan *view*

penggolongan *classification*
campuran *mixture*
menyangkut (sangkut) *to touch upon, involve*
soal *the question of*
derajat *degree*
penyesuaian (sesuai) *accommodation, adjustment*
akulturasi *acculturation*
terhadap *concerning, toward*
di sekitarnya *around them, in their surroundings*

didatangi *to be reached*
kebanyakan *the majority of*
ciri-ciri fisiknya *physical features*

▶ *CD2 (12)*

*   <u>Ada</u>pun proses akulturasi itu kurang <u>sifat</u>-nya di Jawa Barat dan lebih kurang lagi di lain-lain tempat di Indonesia seperti misalnya di

125   Kalimantan Barat dan Sumatra Timur. Di Kalimantan Barat ada desa-desa orang Tionghoa yang <u>wujud</u>nya masih sama dengan desa-desa di propinsi-propinsi Cina Selatan. Di Sumatra Timur, di kota-kota seperti Bagan Siapiapi

130   misalnya, ada per<u>kampung</u>an Tionghoa di mana penduduknya belum bisa berbahasa Indonesia, tetapi bicara bahasa Hokkien asli.

Walaupun banyak di antara orang Tionghoa di Kalimantan Barat dan Sumatra Timur itu

135   mungkin sudah banyak juga yang lahir di Indonesia, tetapi toh mereka masih akan disebut orang *Tionghoa Totok* oleh orang Indonesia asli. Orang *Tionghoa Totok* banyak ber<u>tambah</u> dengan gelombang imigrasi yang terjadi di antara tahun

140   1920 sampai kira-kira 1930 di Jawa. Migrasi-migrasi ke Asia Tenggara itu terjadi karena keadaan <u>tekan</u>an di negara Cina yang waktu itu mengalami zaman per<u>golak</u>an dan revolusi. *[p. 355]*

[Puspa Vasanty, Universitas Indonesia]

adapun *there is as well*
kurang <u>sifat</u>nya *less characteristic, less successful*
<u>wujud</u>nya *whose appearance*
per<u>kampung</u>an *village*

<u>tekan</u>an *pressure*
per<u>golak</u>an *disturbance*
revolusi *revolution*

Figure 25: Rumah orang Cina, Manado

Figure 26: Imigran Cina

Figure 27: Mencari bijih timah, Bangka

Figure 28: Kawasan Cina, Jakarta

LATIHAN
Exercises

I   **TATABAHASA**   Grammar

9.1   You are given 10 utterances chosen from Lessons 6, 8 and 9. Utterances 1-5 contain underlined verbs suffixed with -*i* and utterances 6-10 underlined verbs suffixed with -*kan*.

   (a)   Translate each utterance into English.
   (b)   Formulate a rule which expresses the difference between the -*i* and -*kan* suffixes and present two examples from the following utterances to support your statement.

1.   Orang Teo-Chiu dan Hakka <u>disukai</u> sebagai kuli perkebunan dan pertambangan di Sumatra Timur, Bangka dan Biliton.

   _____

   _____

   _____

2.   Daerah di Indonesia yang paling pertama dan paling lama <u>didatangi</u> oleh para perantau Hokkien adalah Jawa Timur dan Jawa Tengah.

   _____

   _____

   _____

3.   Pohon sagu setelah tumbang <u>dikuliti</u> dan terasnya dipukul-pukul dengan sebuah alat tertentu.

   _____

   _____

4.   Daun palma kering <u>ditulisi</u> dengan goresan alat tajam, dan kemudian <u>dibubuhi</u> dengan bubuk hitam untuk memberi warna kepada goresan-goresan tadi.

   _____

   _____

   _____

9.5   Rearrange the following utterances so that they are in the correct order. Place the numbers 1-5 in the spaces provided to show the order you have chosen.

A. ___ Di antara pedagang-pedagang Tionghoa di Indonesia merekalah yang paling berhasil.

B. ___ Bangsa Hokkien berasal dari propinsi Fukien bagian selatan yang merupakan daerah yang sangat penting dalam pertumbuhan perdagangan orang Cina ke seberang lautan.

C. ___ Sekarang orang Hokkien dan keturunannya yang telah berasimilasi sebagai keseluruhan, paling banyak terdapat di Indonesia timur, Jawa Tengah, Jawa Timur dan pantai barat Sumatra.

D. ___ Keberhasilan ini juga disebabkan karena sebagian besar dari mereka sangat ulet, tahan uji dan rajin.

E. ___ Kepandaian berdagang yang ada di dalam kebudayaan suku bangsa Hokkien tersebut telah terendap berabad-abad lamanya dan masih tampak jelas pada orang Tionghoa di Indonesia.

9.6   Complete the sentences in the first column by selecting an appropriate ending from the second column. Write the letter of that sentence ending in the space provided.

1. ___ Orang Hakka merantau karena

2. ___ Selama berlangsungnya gelombang-gelombang imigrasi dari 1859 sampai 1930, orang Hakka

3. ___ Mereka bersama-sama orang Teo-Chiu dipekerja-kan di Indonesia

4. ___ Sampai sekarang orang Hakka mendominasi ma-syarakat Tionghoa

5. ___ Sejak akhir abad ke-19, orang Hakka mulai

A. bermigrasi ke Jawa Barat karena tertarik oleh perkembangan kota Jakarta.

B. terpaksa atas kebutuhan mata pencarian hidup.

C. ialah di pedalaman propinsi Kwantung yang terutama terdiri-dari daerah gunung kapur yang tandus.

D. tidak banyak dari mereka tersebar di Jawa Tengah dan Timur, Kali-mantan Selatan dan Timur, dan Sumatra Tengah.

E. di distrik-distrik tambang emas lama di Kalimantan Barat Sumatra, Bangka dan Biliton.

F.   untuk mengeksploitasi sumber-sumber mineral.

G.   adalah yang paling miskin di antara para perantau Tionghoa.

9.7   Fill in the blanks in the following passage with the appropriate words. Choose these words from the following list. Use each word only once. Two words are extra and do not fit the selection.

namun	serupa	dibandingkan	pertukangan
sebagai	merata	tertarik	ketrampilan
terkenal	umumnya	modal	tersebar

1 _____ dengan orang Hakka, orang Kanton terkenal di Asia Tenggara 2 _____ kuli pertambangan. Sebagian besar orang Kanton 3 _____ oleh tambang-tambang timah di pulau Bangka. 4 _____ mereka datang dengan 5 _____ yang lebih besar dan mereka datang dengan 6 _____ teknis dan pertukangan yang tinggi. Di Indonesia mereka 7 _____ sebagai ahli dalam 8 _____, pemilik toko-toko besi dan industri kecil. Orang Kanton ini jauh lebih tersebar 9 _____ di seluruh kepulauan Indonesia 10 _____ dengan orang Hokkien, Teo-Chiu atau Hakka.

9.8*   In Column 1 you are given the two classifications used by Indonesians to refer to the Chinese. In Column 2 are a list of ten statements, each of which relates to one of these groups. Match the statements with the groups they refer to by placing the relevant letter beneath the correct classification.

1.   Tionghoa Peranakan
 ___
 ___

 ___

 ___
 ___

 ___

 ___

A.   Wujudnya desa-desanya sama dengan desa-desa di propinsi-propinsi Cina Selatan.

B.   Kebanyakan mereka adalah perantau laki-laki yang sering kawin dengan wanita-wanita Indonesia.

C.   Daerah yang didatanginya adalah di Jawa Barat pada abad ke-20.

2.   Tionghoa Totok   D.   Mereka telah lupa akan bahasa asalnya.

——

——   E.   Mereka banyak bertambah dengan gelombang imigrasi yang terjadi di antara tahun 1920 sampai kira-kira 1930.

——

——   F.   Daerah yang paling pertama dan paling lama didatanginya adalah Jawa Timur dan Jawa Tengah.

——

                                 G.   Orang ini dalam banyak unsur kehidupannya menyerupai orang Indonesia.

                                 H.   Mereka mulai datang pada abad ke-16 dalam kelompok-kelompok kecil.

                                 I.   Keadaan mereka adalah contoh proses akulturasi yang kurang sifatnya.

III   **PEMBICARAAN**   Discussion

9.9   1.   (a) Sebutkan nama empat suku bangsa Cina yang banyak terdapat di Indonesia.

           (b) Bandingkan antara keempat suku bangsa tersebut dari beberapa segi pokok, misalnya tempat asal, pekerjaan, alasan bermigrasi, waktu sampai di Indonesia, dan sebagainya.

           2.   Sebutkan nama kelompok-kelompok pendatang di negara Anda dan bedakan antara kelompok-kelompok ini dari beberapa segi pokok, misalnya tempat tinggal, pekerjaan, dan sebagainya.

9.10* 1.   (a) Sebutkan suatu generalisasi mengenai dua golongan orang Cina di Indonesia, yaitu *Tionghoa Peranakan* dan *Tionghoa Totok*.

           (b) Sebutkan beberapa contoh yang dapat membedakan antara kedua golongan ini.

           2.   Di negara Anda apakah juga terdapat proses akulturasi yang berbeda di kalangan orang pendatang? Bicarakan.

BACAAN 10

AGAMA ORANG BALI
Religion of the Balinese

▶ *CD2 (13)*

Perbedaan pengaruh dari kebudayaan Jawa-Hindu di berbagai daerah Bali dalam zaman Majapahit dahulu menyebabkan adanya dua bentuk
5 masyarakat di Bali, ialah Masyarakat Bali-Aga dan Bali-Majapahit, atau *wong Majapahit*. Masyarakat Bali-Aga kurang sekali mendapat pengaruh dari kebudayaan Jawa-Hindu dan mempunyai struktur tersendiri. Orang Bali-Aga umumnya
10 mendiami desa-desa di daerah pegunungan. Orang Bali-Majapahit yang pada umumnya diam di daerah-daerah <u>datar</u>an merupakan bagian yang paling besar dari penduduk pulau Bali.

struktur *structure*
<u>dataran</u> *plain*

Pulau Bali yang <u>luas</u>nya 5808,8 kilometer persegi
15 di<u>belah</u> dua oleh suatu pegunungan yang mem<u>bujur</u> dari barat ke timur, sehingga membentuk dataran yang agak sempit di sebelah utara, dan dataran yang lebih besar di sebelah selatan. Pegunungan tersebut yang untuk sebagian besar
20 masih ter<u>tutup</u> oleh hutan rimba yang lebat, mempunyai arti penting dalam pandangan hidup dan kepercayaan penduduk. Di wilayah pegunungan itulah terletak kuil-kuil, atau *pura*, yang dianggap suci oleh orang Bali. *[p. 286]*

<u>luas</u>nya *area, extent*
persegi *square*
mem<u>bujur</u> *to stretch*
agak *rather*
sempit *narrow*
ter<u>tutup</u> *to be covered*
hutan rimba *extensive jungle*
lebat *dense*
kuil *temple*
pura *Balinese temple*

25 **Agama**
Sebagian besar dari orang Bali meng<u>anut</u> agama Hindu-Bali. Walaupun demikian ada pula suatu golongan kecil orang-orang Bali yang menganut agama Islam, Kristen dan Katolik. Di dalam
30 kehidupan ke<u>agama</u>annya, orang yang beragama Hindu percaya akan adanya satu Tuhan dalam bentuk konsep, *Trimurti Yang Esa*. Trimurti ini mempunyai tiga wujud atau manifestasi, ialah wujud Brahmana yang men<u>cipta</u>kan, wujud
35 Wisnu yang me<u>lindungi</u> serta memelihara, dan wujud Siwa yang me<u>lebur</u> segala yang ada. Di

meng<u>anut</u> *to practice, profess, follow (a particular religion)*
Kristen *Protestant*
hidupan ke<u>agama</u>annya *their religious life*
Tuhan *God*
konsep *conceptual*
wujud *form, manifestation*
manifestasi *manifestation*
men<u>cipta</u>kan *to create*
me<u>lindungi</u> *to protect*

samping itu orang Bali juga percaya kepada pel<u>bagai</u> dewa dan roh yang lebih rendah dari Trimurti dan yang mereka <u>horm</u>ati dalam
40 pelbagai upacara ber<u>saji</u>.

m<u>em</u>**elihara (pelihara)** *to care for, nurture*
mel<u>ebur</u> *to destroy*
pel<u>bagai</u> *various*
<u>horm</u>ati *to respect, honour*
ber<u>saji</u> *with offerings of food and flowers*

▶ *CD2 (14)*

Agama Hindu juga menganggap penting konsepsi mengenai roh abadi, atau *ataman*, adanya buah dari setiap per<u>bua</u>tan, atau *karmapala*, kelahiran
45 kembali dari jiwa, atau *punarbawa*, dan ke<u>bebas</u>an jiwa dari lingkaran kelahiran kembali, atau *maksa*. Semua <u>ajaran</u>-ajaran itu ter<u>maktub</u> dalam se<u>kumpul</u>an kitab suci yang bernama *weda*. *[p. 301]*

abadi *eternal, everlasting*
buah *reward*
per<u>bua</u>tan *deed*
ke<u>bebas</u>an *liberty, freedom*
<u>ajaran</u> *teachings*
ter<u>maktub</u> *to be recorded*
se<u>kumpul</u>an *a group*
kitab suci *holy books*

50 Di samping itu terdapat pula buku-buku dalam bentuk lontar dibuat dari daun lontar ber<u>huruf</u> Bali. Buku ini mengandung banyak <u>tuntun</u>an mengenai pe<u>laksana</u>an agama, pelbagai kumpul-an mantra, ke<u>terang</u>an mengenai pelbagai
55 undang-undang, bentuk prosa dan puisi yang diambil dari epos Hindu Mahabarata dan Ramayana, keterangan pelbagai mistik dan sebagainya. Bahasanya terdiri dari bahasa Jawa Kuno, tetapi ada pula yang ter<u>cam</u>pur dengan
60 bahasa Sanskerta.

ber<u>huruf</u> *with the letters, writing of*
<u>tuntun</u>an *instructions, guides*
pe<u>laksana</u>an *the performance of*
mantra *mantras, magic formulas*
ke<u>terang</u>an *explanations*
prosa *prose*
puisi *poetry*
epos *epic*
mistik *mystics*
Jawa Kuno *Old Javanese*
ter<u>cam</u>pur *to be mixed with*

Tempat melakukan ibadah agama di Bali pada umumnya disebut *pura*. Tempat ibadah ini be<u>rupa</u> kompleks bangunan suci yang sifatnya berbeda-beda. Ada yang bersifat umum, artinya
65 untuk semua golongan, seperti pura Besakih. Adapun tempat-tempat pe<u>muja</u>an (puja) leluhur, dan klen kecil serta keluarga luas adalah tempat-tempat <u>saji</u>an rumah yang disebut *sanggah*. Demikian di Bali ada be<u>ribu</u>-ribu *pura*
70 dan *sanggah*, masing-masing dengan hari-hari perayaannya sendiri yang telah ditentukan oleh sistem <u>tanggal</u>annya sendiri. Di Bali dipakai dua macam tanggalan, yaitu tanggalan Hindu-Bali dan tanggalan Jawa-Bali.

be<u>rupa</u> *is, takes the form of*
<u>sifat</u>nya *characteristics, functions*
ber<u>sifat</u> *to have the characteristics of, to function as*
pe<u>muja</u>an (puja) *worshipping*
<u>saji</u>an *religious offerings*
be<u>ribu</u>-ribu *thousands of*
<u>perayaan</u>nya *its celebration*
<u>tanggal</u>annya *dates, calendar*

75 Sistem tanggalan Hindu-Bali terdiri dari 12 bulan yang <u>lam</u>anya 355 hari, tetapi juga kadang-kadang 354 atau 356 hari. Orang meng-<u>hitung</u> dengan kedua bagian dari bulan, ialah bagian bulan terbit yang disebut *tanggal* dan

80 bagian bulan me<u>ngecil</u> (kecil) yang disebut *panglong*. Tiap-tiap bulan penuh, atau *purnama*, dan bulan mati, atau *tilem*, ada pula upacara kecil di tiap-tiap keluarga orang Bali. Kalau upacara tadi jatuh ber<u>sam</u>aan dengan pe<u>ray</u>aan

85 kuil atau hari raya tertentu, maka diadakan upacara yang agak besar.

menghitung *to calculate*
bagian *phase*
bulan terbit *crescent moon, the first quarter*
bulan mengecil (kecil) *the last quarter*
bulan penuh *full moon*
bulan mati *new moon*
bersamaan *together*
hari raya *holiday*

▶ *CD2 (15)*

Sistem kalender Hindu-Bali yang berdasarkan atas *purnama-tilem* ini dipakai pada perayaan

90 pura di pelbagai daerah di Bali. Di seluruh Bali dirayakan Tahun Baru Saka yang jatuh pada tanggal 1 dari bulan ke<u>sepuluh</u>, atau *kedasa*, dan perayaan itu disebut *nyepi*. [p. 302]

tahun baru *New Year;* **Tahun Baru Saka** *Javanese New Year*
kesepuluh *tenth*

Sehari sebelum hari tahun lama ber<u>akhir</u>, pada

95 bulan ke<u>sembilan</u>, atau *tilem kesanga*, dia<u>dak</u>an-lah upacara korban. Pada hari tahun <u>baru</u>nya orang pantang melakukan segala kegiatan, atau *nyepi*, dan <u>malam</u>nya pantang me<u>nyalak</u>an api. Hari be<u>rikut</u>nya, hari tahun baru kedua, disebut

100 *ngebak geni*. Orang boleh menyalakan api, tetapi masih pantang bekerja.

berakhir *to come to an end*
kesembilan *ninth*
korban *sacrifice*
pantang *to be forbidden to*
menyalakan *to light*
api *lights, fire*
berikutnya *following it*

Sistem tanggal Jawa-Bali terdiri dari 30 *uku*, masing-masing tujuh hari lamanya, sehingga jumlah seluruhnya adalah 210 hari. Banyak

105 perayaan kuil-kuil berdasarkan atas per<u>hitung</u>an ini, terutama di daerah tanah datar yang mendapat lebih banyak pengaruh Majapahit daripada daerah-daerah lainnya. Perayaan umum terpenting yang berdasarkan atas perhitungan

110 ini adalah hari raya *galungan* dan *kuningan* yang jatuh pada hari rabu dan sabtu dari *uku galungan* dan *uku kuningan*. Berdasarkan atas sistem tanggalan ini, ada banyak lagi upacara-upacara yang bersifat lebih kecil.

perhitungan *calculation*
umum *public*

115 ▶ **CD2 (16)**

* Dilihat dari segi keseluruhannya di Bali terdapat lima macam upacara, atau *panca yadna*, yang masing-masing berdasarkan atas salah satu dari kedua sistem tanggalan tersebut di atas: *manusia yadna* yang terutama meliputi

120 upacara-upacara siklus hidup dari masa kanak-kanak sampai dewasa; *pitra yadna* yang merupakan upacara-upacara yang ditujukan kepada roh-roh leluhur dan yang meliputi upacara-upacara

125 kematian sampai pada upacara penyucian (suci) roh leluhur; *dewa yadna* yang terutama berkenaan dengan upacara-upacara pada kuil-kuil umum dan keluarga; *resi yadna* yang merupakan upacara-upacara yang berkenaan dengan pentahbis-

130 an pendeta; dan *buta yadna* yang merupakan upacara-upacara yang ditujukan kepada *kala* dan *buta*, yaitu roh-roh yang dapat mengganggu.

Pada umumnya, apabila orang-orang menyelenggarakan (selenggara) upacara ibadah dan

135 keagamaan terutama yang besar-besar, maka penuntunan (tuntun) dan penyelesaian (selesai) upacara itu dilakukan oleh seorang pemimpin agama tertentu. Orang-orang yang bertugas melaksanakan upacara itu adalah orang-orang yang

140 telah dilantik menjadi pendeta. Orang itu pada umumnya disebut *sulinggih*. Mereka itu juga disebut dengan istilah-istilah khusus yang tergantung dari klen atau kasta mereka. Misalnya istilah *pedanda* adalah untuk pendeta dari

145 kasta *Brahmana*, baik yang beraliran Siwa maupun Buda. Istilah *resi* adalah untuk pendeta dari kasta *Satria* dan sebagainya. *[p. 303]*

[I Gusti Ngurah Bagus, Universitas Udayana]

dilihat dari *seen from*
masa kanak-kanak *childhood*
ditujukan *to be directed toward*
penyucian (suci) *purification*
pentahbisan *consecration*
pendeta *priest*

menyelenggarakan (selenggara) *to perform*
keagamaan *religious*
penuntun (tuntun) *opening*
penyelesaian (selesai) *conclusion*
dilantik *to be appointed, selected*
tergantung dari *depends on*
kasta *caste*
yang beraliran *those following the teachings of*

Figure 29: Pura, Bali

LATIHAN
Exercises

I   **TATABAHASA**   Grammar

10.1   You are given 10 utterances selected from Lessons 9 and 10 and a list of twelve words prefixed with *ter-*.

(a) Fill in the blanks with the appropriate word.
(b) Translate each utterance into English.
(c) Explain one function of the *ter-* prefix and present two examples from the following utterances to support your explanation.

ter<u>tentu</u>	ter<u>paksa</u>	ter<u>pencar</u>	ter<u>utama</u>
ter<u>besar</u>	ter<u>diri dari</u>	ter<u>dapat</u>	ter<u>tutup</u>
ter<u>sebut</u>	ter<u>maktub</u>	ter<u>letak</u>	ter<u>campur</u>

1. Pulau Bali dibelah dua oleh suatu pegunungan. Pegunungan _____ masih _____ oleh hutan rimba yang lebat.

_____

_____

_____

2. Di wilayah pegunungan itulah _____ kuil-kuil yang dianggap suci oleh orang Bali.

_____

_____

3. Semua ajaran agama Hindu _____ dalam sekumpulan kitab suci yang bernama *weda*.

_____

_____

4. Di samping itu _____ pula buku-buku dalam bentuk lontar dibuat dari daun lontar berhuruf Bali.

_____

_____

_____

5. Bahasanya _____ bahasa Jawa Kuno, tetapi ada
   pula yang _____ dengan bahasa Sanskerta.

   _____

   _____

   _____

6. Kalau upacara bulan penuh, atau *purnama*, dan bulan mati, atau *tilem*,
   jatuh bersamaan dengan perayaan kuil atau hari raya _____
   maka diadakan upacara yang agak besar.

   _____

   _____

   _____

7. Suku bangsa orang Tionghoa yang ada di Indonesia berasal dari dua
   propinsi yang sangat _____ daerah-daerahnya.

   _____

   _____

   _____

8. Para imigran Tionghoa yang _____ ke Indonesia
   mulai abad ke-16 berasal dari suku bangsa Hokkien.

   _____

   _____

   _____

9. Pusat daerah orang Hakka ialah di pedalaman propinsi Kwantung yang
   _____ terdiri dari daerah gunung kapur yang tandus.

   _____

   _____

   _____

10. Orang Hakka merantau karena _____ atas kebutuhan
    mata pencarian hidup.

    _____

    _____

    _____

10.7   Rearrange the following utterances so that they are in the correct order. Place the numbers 1-5 in the spaces provided to show the order you have chosen.

A.   ___   Tempat ibadah ini berupa kompleks bangunan suci yang sifatnya berbeda-beda.

B.   _   Demikian di Bali ada beribu-ribu *pura* dan *sanggah*, masing-masing dengan hari-hari perayaannya sendiri yang telah ditentukan oleh sistem tanggalannya sendiri.

C.   ___   Tempat melakukan ibadah agama di Bali pada umumnya disebut *pura*.

D.   ___   Ada yang bersifat umum, artinya untuk semua golongan, seperti pura Besakih.

E.   ___   Adapun tempat-tempat pemujaan leluhur, dan klen kecil serta keluarga luas adalah tempat-tempat sajian rumah yang disebut *sanggah*.

10.8*   In Column 1 are five types of ceremonies found on Bali. In Column 2 are five statements, each referring to one of these ceremonies. Write the letter of the statement in Column 2 beneath the ceremony in Column 1 which it refers to.

1.   Manusia yadna

___

2.   Pitra yadna

___

3.   Dewa yadna

___

4.   Resi yadna

___

5.   Buta yadna

___

A.   Berkenaan dengan upacara-upacara kuil-kuil umum dan keluarga

B.   Merupakan upacara yang dituju-kan kepada roh-roh yang dapat mengganggu.

C.   Meliputi upacara-upacara siklus hidup dari masa kanak-kanak sampai dewasa.

D.   Merupakan upacara-upacara yang berkenaan dengan pentahbisan pendeta.

E.   Meliputi upacara-upacara kematian sampai pada upacara penyucian roh leluhur.

III PEMBICARAAN Discussion

10.9 1. Bandingkan sistem kalender Hindu-Bali dengan sistem kalender Jawa-Bali. Sebutkan persamaan dan perbedaannya.

2. Pilih satu sistem kalender yang dijelaskan di atas. Bandingkan sistem kalender tersebut dengan sistem kalender yang digunakan di negara Anda.

10.10* 1. (a) Jelaskan apakah tugas seorang *sulinggih*.

(b) Nama apa lagi yang diberikan kepada seorang seperti itu?

(c) Mengapa terdapat nama yang berbeda-beda?

2. (a) Dalam berbagai agama yang ada di negara Anda, siapa yang melakukan tugas seperti *sulinggih* di Bali?

(b) Jelaskan contoh upacara ibadah yang terdapat dalam suatu agama tertentu.

BACAAN 11

BAHASA DAN KESUSASTERAAN ORANG SUNDA
The Language and Literature of the Sundanese

▶ CD2 (17)

Secara antropologi-budaya dapat dikatakan bahwa yang disebut suku bangsa Sunda adalah orang-orang yang secara turun-temurun mengguna-
5   kan bahasa ibu bahasa Sunda serta dialeknya dalam kehidupan sehari-hari. Orang itu juga berasal serta bertempat tinggal di daerah Jawa Barat, daerah yang juga sering disebut *Tanah Pasundan* atau *Tatar Sunda*.

antropologi-budaya *social anthropology*; **secara antropologi-budaya** socio-anthropologically
turun-temurun *for generations*
bertempat-tinggal *to reside*

10 Di luar Jawa Barat terdapat pula kampung-kampung yang menggunakan bahasa Sunda, seperti di kabupaten Brebes, Tegal dan Banyumas di Jawa Tengah, dan di daerah transmigrasi Lampung dan Sumatra Selatan. Di daerah Jawa
15 Barat sendiri tidak seluruh masyarakatnya menggunakan bahasa Sunda. Di daerah pantai utara dan di daerah Banten digunakan bahasa Jawa di samping bahasa Sunda, sedang di daerah Cirebon bahasa Sunda lebih banyak
20 dipakai. Di daerah Jakarta dan sekitarnya masyarakatnya berbahasa Melayu Jakarta.

transmigrasi *transmigration*
masyarakatnya its people
Melayu Jakarta *Jakarta Malay*

Dewasa ini bahasa Sunda dipakai secara luas dalam masyarakat di Jawa Barat. Di pedesaan bahasa pengantar adalah bahasa Sunda. Di kota
25 bahasa Sunda terutama digunakan dalam lingkungan keluarga dan di dalam percakapan antara kawan dan kenalan yang akrab. Bahasa Sunda juga digunakan di tempat-tempat umum dan resmi di antara orang-orang yang saling
30 mengetahui bahwa mereka itu menguasai (kuasa) bahasa Sunda.

pedesaan *villages, rural areas*
bahasa pengantar *medium of instruction (in schools)*
percakapan *conversation*
kenalan *acquaintances*
akrab *close*
menguasai *to command, control; to have mastered (learned)*

▶ CD2 (18)

Dalam hubungannya dengan kehalusan bahasa, sering dikemukakan bahwa bahasa Sunda yang
35 murni dan yang halus ada di daerah Priangan,

dikemukakan *to be put forward, suggested*
murni *pure*

seperti di kabupaten Ciamis, Tasikmalaya, Garut, Bandung, Sumendang, Sukabumi dan Cianjur. Sampai sekarang dialek Cianjur masih dipandang sebagai bahasa Sunda yang ter<u>halus</u>.
40 Dari Cianjur pula berasal lagu-lagu *kecapi-suling* Cianju<u>ra</u>n. *[p. 307]*

ter<u>halus</u> *the most refined*
lagu-lagu *songs, tunes*
kecapi *stringed instrument (type)*
suling *flute (type)*
Cianjuran *in the style of Cianjur*

Bahasa Sunda yang dianggap agak kurang halus adalah bahasa Sunda di dekat pantai Utara, misalnya di Banten, Krawang, Bogor dan
45 Cirebon. Bahasa orang Badui yang terdapat di Banten Selatan adalah bahasa Sunda kuno.

Pada daerah-daerah per<u>cam</u>puran di mana digunakan bahasa Sunda dan bahasa Jawa, ada ke<u>cenderung</u>an pada beberapa keluarga yang
50 menggunakan bahasa Sunda untuk tidak menyebut dirinya orang Sunda. Mereka menyebut dirinya misalnya orang Cirebon atau orang Banten, dan menggunakan istilah orang Sunda bagi orang Sunda Priangan. Salah satu keterangan yang
55 didapat mengenai hal ini adalah dari sudut bahasa, yaitu bahasa di Priangan lebih halus. Akan tetapi orang Cirebon dan Banten juga melihatnya dari sudut penyebaran agama Islam. Agama Islam ter<u>lebih</u> dahulu tersebar di daerah
60 Banten dan Cirebon dan orang-orang di dua daerah ini membedakan diri dari orang Sunda yang lain. *[p. 308]*

per<u>cam</u>puran *mixture, mixed*
ke<u>cenderung</u>an *tendency*
sudut *viewpoint of, aspect of*
ter<u>lebih</u> dahulu *was first*

Kesusasteraan   ▶ *CD2 (19)*
Di dalam bahasa Sunda terdapat kesusasteraan
65 yang kaya. Bentuk sastra Sunda yang tertua ada-lah cerita-cerita *pantun*, yaitu cerita pahlawan-pahlawan nenek moyang Sunda dalam bentuk puisi di<u>selang</u>-selang oleh prosa ber<u>irama</u> seperti bentuk cerita peng<u>lipur</u>-lara. *[p. 308]*

di<u>selang</u> *interspersed*
ber<u>irama</u> *rhythmic*
peng<u>lipur</u>-lara *storyteller*

70 Tukang pantun itu men<u>dongeng</u>kan cerita pantun<u>ny</u>a dengan <u>iring</u>an bunyi kecapi. Cerita-cerita itu menge<u>tengah</u>kan pahlawan-pahlawan dan raja-raja pada zaman Sunda Purba, zaman Galuh dan Pajajaran, dan selalu menyebut raja
75 Sunda yang terkenal, ialah Prabu Siliwangi.

tukang pantun *"pantun" reader*
men<u>dongeng</u>kan *to narrate*
<u>iring</u>an *the accompaniment*
menge<u>tengah</u>kan *to present*
Sunda Purba *Old Sunda*
men<u>yebut</u> (sebut) *to mention*
ter<u>kenal</u> *famous*

Bagi orang Sunda cerita-cerita pantun itu me**nduduk**i tempat yang khas dalam ha**ti**nya. Pe**rmain**an pantun dapat meng**gugah** pe**rasaa**n ke**besar**an orang Sunda yang melihat cerita

80 sejarah di masa lampau semakin jauh semakin terang, semakin lama semakin ter**kenang**.

> **me**nduduk**i** *to hold*
> **permain**an *the performance of*
> meng**gugah** *to arouse*
> pe**rasaa**n *feelings*
> ke**besar**an *greatness, splendour*
> **masa lampau** *the past*
> ter**kenang** *remembered*

Sesudah zaman *pantun* dikenal zaman *wayang* dan *wawacan* sebagai pengaruh dari Mataram Islam setelah ja**tuh**nya Pajajaran. Cerita-cerita

85 wayang kebanyakan berasal dari epos Ramayana dan Mahabarata, tetapi sekarang sudah banyak sekali variasi-variasi karangan dari sang dalang sendiri. Wayang di Sunda lebih merupakan hi**bur**an, dan orang yang me**nyaksik**annya

90 (saksi) biasanya tidak tertarik oleh la**kon**nya, me**lain**kan oleh ketrampilan sang dalang untuk memainkan wayangnya, atau lebih tertarik oleh nyanyian-nyanyian sin**dir**nya. Di dalam masyarakat Sunda yang dikenal adalah *wayang golek*

95 dan bukan *wayang kulit*.

> ja**tuh**nya *the fall of*
> **variasi** *variation*
> **karangan** *composition*
> **sang** *honorific particle*
> **dalang** *narrator, puppet master*
> **hibur**an *entertainment*
> me**nyaksik**annya *to witness*
> la**kon**nya *its story*
> me**lain**kan *but rather, but instead*
> sin**dir**nya *teasing*
> **wayang golek** *full puppets*
> **wayang kulit** *shadow puppets*

Walaupun kebanyakan orang Sunda beragama Islam, mereka memberikan kepada pertunjukan wayang itu suatu tempat tertentu dalam kebudayaan, karena di dalamnya terdapat berbagai

100 unsur kesenian, ialah seni sastra, seni tembang dan *gamelan*. Pertunjukan wayang itu masih sering diadakan di daerah-daerah pedesaan maupun di kota.

> ke**seni**an *the arts*
> **seni sastra** *literature*
> **seni tembang** *recited Javanese*

▶ *CD2 (20)*

105 * Cerita *wawacan* dalam bahasa Sunda banyak diambil dari cerita-cerita Islam. Dahulu *wawacan* itu sering di**nyanyi**kan dan ini disebut *beluk*. Biasanya se**seorang** membacakan satu kalimat dari *wawacan* itu yang berbentuk puisi tembang

110 dari Jawa, dan seorang yang lain me**nyanyi**kannya. Orang yang membaca dan menyanyi duduk di tikar di bawah atau tidur-tiduran, demikian pula yang men**dengar**kannya. *Beluk* itu biasa didengarkan sambil menunggui orang yang baru me**lahir**kan.

115 Lamanya hampir semalam suntuk. Sekarang sudah jarang orang mendengarkan *beluk*. [p. 309]

> di**nyanyi**kan *to be sung*
> **kalimat** *sentence*
> se**seorang** *an individual, a person*
> **tikar** *mat*
> tidur-**tidur**an *lying down*
> **demikian pula** *it is the same with*
> me**lahir**kan *to give birth*
> se**malam** suntuk *the whole night*

Di samping pantun, wayang dan wawacan. dalam kesusasteraan Sunda terdapat bermacam-macam cerita rakyat. Cerita-cerita ini adalah
120 seperti Sangkurian, yaitu cerita tentang ter-jadinya gunung Tangkuban Prahu dan danau purba di dataran tinggi Bandung, serta varian-variannya mengenai terjadinya beberapa gunung dan danau di Jawa Barat. Satu macam cerita
125 rakyat di Sunda adalah cerita si Kebayan, satu contoh sastra yang dilukiskan sebagai seorang yang malas dan bodoh, akan tetapi sering-sering tampak pula kecerdikannya. *[p. 310]*

[Harsojo, Universitas Padjadjaran]

varian *variant*
cerita rakyat *folktale*
dilukiskan *to be described, to serve as an illustration*
kecerdikannya *his cleverness*

Figure 30: Pemain suling

Figure 31: Wayang Golek

Figure 32: Wayang kulit

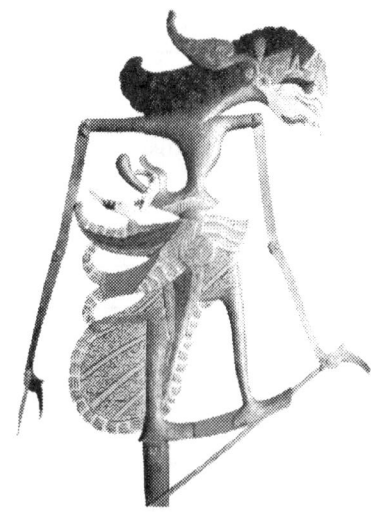

Figure 33: Wayang kulit

LATIHAN
Exercises

I   **TATABAHASA**   Grammar

11.1   You are given 10 utterances chosen from Lessons 10 and 11. In each utterance, the particle *yang* has been omitted.

> (a) Rewrite each utterance inserting *yang* in its proper place.
> (b) Translate each utterance into English.
> (c) Explain one of the functions of *yang*. Support your explanation with two relevant examples from the following data.

1.   Secara antropologi-budaya dapat dikatakan bahwa disebut suku bangsa Sunda adalah orang-orang yang secara turun-temurun menggunakan bahasa ibu bahasa Sunda serta dialeknya dalam kehidupan sehari-hari.

    _____
    _____
    _____
    _____

    _____
    _____
    _____
    _____

2.   Orang itu juga berasal serta bertempat tinggal di daerah Jawa Barat, daerah juga sering disebut Tanah Pasundan atau Tatar Sunda.

    _____
    _____
    _____

    _____
    _____
    _____

3.   Di luar Jawa Barat terdapat pula kampung-kampung menggunakan bahasa Sunda, seperti di kabupaten Brebes, Tegal dan Banyumas di Jawa Tengah.

_____
_____
_____

_____
_____
_____

4. Sampai sekarang dialek Cianjur masih dipandang sebagai bahasa Sunda
    terhalus.

    _____
    _____

    _____
    _____

5. Bahasa Sunda dianggap agak kurang halus adalah bahasa Sunda di
    dekat pantai Utara, misalnya di Banten, Krawang, Bogor dan Cirebon.

    _____
    _____
    _____

    _____
    _____
    _____

6. Wayang di Sunda lebih merupakan hiburan, dan orang menyaksikannya
    biasanya tidak tertarik oleh lakonnya, melainkan oleh ketrampilan sang
    dalang untuk memainkan wayangnya.

    _____
    _____
    _____
    _____
    _____
    _____
    _____

7. Orang Bali-Majapahit pada umumnya diam di daerah-daerah dataran merupakan bagian yang paling besar dari penduduk pulau Bali.

    _____

    _____

    _____

    _____

8. Pulau Bali luasnya 5808,8 kilometer persegi dibelah dua oleh suatu pegunungan yang membujur dari barat ke timur.

    _____

    _____

    _____

    _____

    _____

9. Di dalam kehidupan keagamaannya, orang beragama Hindu percaya akan adanya satu Tuhan dalam bentuk konsep, *Trimurti Yang Esa*.

    _____

    _____

    _____

    _____

    _____

10. Di samping itu orang Bali juga percaya kepada pelbagai dewa dan roh yang lebih rendah dari Trimurti dan mereka hormati dalam pelbagai upacara bersaji.

    _____

    _____

    _____

    _____

    _____

11.7   Rearrange the following utterances so that they are in the correct order. Place the numbers 1-5 in the spaces provided to show the order you have chosen.

A. ___ Wayang tersebut lebih merupakan hiburan, dan orang yang menyaksikannya biasanya tidak tertarik oleh lakonnya.

B. ___ Sesudah zaman *pantun* dikenal zaman *wayang* dan *wawacan* sebagai pengaruh dari Mataram Islam setelah jatuhnya Pajajaran.

C. ___ Orang itu tertarik oleh ketrampilan sang dalang untuk memainkan wayangnya, atau lebih tertarik oleh nyanyian-nyanyian sindirnya.

D. ___ Bentuk sastra Sunda yang tertua adalah cerita-cerita *pantun*, yaitu cerita pahlawan-pahlawan nenek moyang Sunda dalam bentuk puisi diselang-selang oleh prosa berirama seperti bentuk penglipur-lara.

E. ___ Mengenai wayang, cerita-ceritanya kebanyakan berasal dari epos Ramayana dan Mahabarata, tetapi sekarang sudah banyak sekali variasi-variasi karangan dari sang dalang sendiri.

11.8*   Incorporate the following phrases into a complete utterance which serves to either exemplify or present significant further information about each. The first utterance is presented as an example.

1. seni sastra, seni tembang dan gamelan
2. *wawacan*
3. bentuk dibacakan *wawacan*
4. *beluk*
5. orang yang membaca, menyanyi dan mendengarkan *beluk*
6. keadaan biasanya didengarkan *beluk*
7. lamanya *beluk*
8. keadaan sekarang *beluk*
9. Sangkurian
10. cerita bagaimana terjadinya beberapa gunung dan danau di Jawa Barat
11. Si Kebayan

1. *Seni sastra, seni tembang dan gamelan ialah berbagai unsur kesenian yang terdapat di pertunjukan wayang di Sunda.*

2. *wawacan*: _____

_____

_____

_____

3. bentuk dibacakan *wawacan*: _____

_____

_____

_____

4. *beluk*: _____

_____

_____

5. orang yang membaca, menyanyi dan mendengarkan *beluk*: _____

_____

_____

_____

6. keadaan biasanya didengarkan *beluk*: _____

_____

_____

_____

7. lamanya *beluk*: _____

_____

_____

_____

8. keadaan sekarang *beluk*: _____

_____

_____

_____

9. Sangkurian: _____

_____

_____

_____

10. cerita bagaimana terjadinya beberapa gunung dan danau di Jawa Barat:

_____

_____

_____

_____

11. Si Kebayan: _____

_____

_____

_____

III   PEMBICARAAN   Discussion

11.9   1.   (a) Bagaimana orang Sunda dapat menentukan keadaan dan waktu yang tepat untuk menggunakan bahasa Sunda?

(b) Di mana bahasa Sunda biasanya digunakan?

2.   Bagaimana caranya orang Sunda membedakan antara bahasa Sunda yang terhalus dengan yang kurang halus? Apakah pendapat Anda?

3.   Apakah ada perbedaan bahasa dari segi kehalusannya di masyarakat Anda? Pertahankan jawaban Anda.

11.10*   1.   Empat dari jenis-jenis sastra yang terdapat dalam bahasa Sunda adalah *pantun, wayang, wawacan* dan *cerita rakyat.* Secara ringkas, berikan keterangan mengenai keempat jenis sastra itu dari satu segi tertentu; misalnya, dari segi ceritanya, latar belakangnya, cari ia disampaikan kepada pendengar atau penonton, dari segi peserta atau pemainnya, dan sebagainya.

2.   (a) Sebutkan tiga atau lebih jenis sastra yang terdapat dalam masyarakat Anda.

(b) Berikan keterangan mengenai satu segi tertentu dari sastra tersebut. Ikuti contoh yang dikemukakan dalam Pertanyaan 11.10.1 di atas.

BACAAN 12

BAHASA DAN SISTEM KEMASYARAKATAN ORANG JAWA
The Language and Social System of the Javanese

Bahasa ▶ *CD2 (21)*

Di dalam pergaulan hidup maupun perhubung-
an sosial sehari-hari orang Jawa berbahasa Jawa.
Pada waktu mengucapkan bahasa Jawa, seseorang
5   harus memperhatikan dan membeda-bedakan
keadaan orang yang diajak bicara atau sedang
dibicarakan berdasarkan usia maupun status
sosialnya. Demikian pada prinsipnya ada dua
macam bahasa Jawa apabila ditinjau dari kriteria
10 tingkatannya, yaitu bahasa Jawa *ngoko* dan
krama. [p. 329]

perhubungan *communication*
seseorang *any one person, an*
individual
harus *must*
membeda-bedakan to *differ-
entiate*
diajak *to be invited to*
berbicara tp speak
sedang *to be in the process of*
dibicarakan *to be spoken*
about
usia *age*
pada prinsipnya *in principle*
ditinjau *to be viewed*
kriteria *criteria*
tingkatannya *its status, level*

Bahasa Jawa *ngoko* itu dipakai untuk orang yang
sudah dikenal akrab, dan terhadap orang yang
lebih muda usianya serta lebih rendah derajat
15 atau status sosialnya. Lebih khusus lagi adalah
bahasa Jawa *ngoko lugu* dan *ngoko andap.*
Sebaliknya, bahasa Jawa *krama* dipergunakan
untuk bicara dengan yang belum dikenal akrab,
tetapi yang sebaya dalam umur maupun derajat,
20 dan juga terhadap orang yang lebih tinggi umur
serta status sosialnya.

terhadap *with, for*
derajat *rank, level*
khusus *particularly*
sebaya *the same; an equal*

Dari kedua macam derajat bahasa ini, kemudian
ada variasi berbagai dan kombinasi-kombinasi
antara kata-kata dari bahasa Jawa *ngoko* dan
25 *krama.* Pemakainya (pakai) menyesuaikan
bahasa Jawa *ngoko* dan *krama* ini dengan
keadaan perbedaan usia, derajat sosial dan
sebagainya seperti tersebut di atas.

kombinasi *combination*
pemakainya (pakai) *the
users of*
menyesuaikan (sesuai) to
adjust

Demikian ada misalnya bahasa Jawa *madya* yang
30 terdiri dari tiga macam bahasa, yaitu *madya
ngoko, madya antara* dan *madya krama*. Ada
juga bahasa *krama inggil* yang terdiri dari kira-
kira 300 kata-kata yang dipakai untuk menyebut
nama-nama anggota badan, aktivitas, benda
35 milik, sifat dan emosi dari orang-orang yang lebih
tua umur atau lebih tinggi derajat sosialnya.
Bahasa *kedaton*, atau bahasa *barongan*, khusus
dipergunakan di kalangan istana dan bahasa
Jawa *krama desa* dipergunakan orang-orang di
40 desa. Akhirnya terdapat bahasa Jawa *kasar*, yakni
salah satu macam bahasa daerah yang diucap-
kan oleh orang-orang yang sedang dalam keadaan
marah atau mengumpat seseorang. *[p. 330]*

anggota *parts*
benda milik *property, pos-
sessions*
emosi *emotions*
kalangan *the realm of; among
those of the*
istana *palace*
yakni *namely, this is to say*
mengumpat *to curse*

Sistem Kemasyarakatan ▶ *CD2 (22)*

45 Di dalam kenyataan hidup masyarakat orang
Jawa, orang masih membeda-bedakan antara
orang *priyayi*, yang terdiri dari pegawai negeri
dan kaum terpelajar, dengan orang kebanyakan
yang disebut *wong cilik* seperti petani, tukang
50 dan pekerja kasar lainnya. Di samping itu terdapat
juga keluarga keraton dan keturunan bangsawan
atau *bendara*. Dalam kerangka susunan masyarakat
ini, secara bertingkat dan berdasarkan atas
gengsi-gengsi itu, kaum *priyayi* dan *bendara*
55 merupakan lapisan atas, sedangkan *wong cilik*
menjadi lapisan masyarakat bawah.

kenyataan *the reality of,
actual*
negeri *national; of the state*
kaum terpelajar *the educated*
orang kebanyakan *the
masses, ordinary people*
pekerja kasar *labourers*
tukang *craftsperson, smith*
keraton *palace of a Javanese
ruler*
secara bertingkat *hierarchical,
stratified*
gengsi *prestige*

Kemudian, menurut kriteria pemeluk agamanya,
orang Jawa biasanya membedakan orang *santri*
dengan orang *agama kejawen*. Golongan kedua
60 ini sebenarnya adalah orang-orang yang percaya
kepada ajaran agama Islam, akan tetapi mereka
tidak secara patuh menjalankan rukun-rukun
dari agama Islam itu. Misalnya mereka tidak
solat, tidak pernah puasa, tidak bercita-cita
65 untuk melakukan ibadah haji dan sebagainya.
Demikian secara mendatar di dalam susunan
masyarakat orang Jawa itu, ada golongan *santri*
dan ada golongan *agama kejawen*. Di berbagai
daerah di Jawa, baik yang bersifat kota maupun
70 pedesaan, orang *santri* menjadi mayoritas,
sedangkan di lain daerah orang beragama
*kejawen*lah yang dominan. *[p. 344]*

pemeluk (peluk) *adherents of;*
pemeluk agamanya *one's
religious affiliation*
secara patuh *faithfully,
obediently*
rukun *principles, rules, tenets*
solat *perform ritual Moslem
prayers five times a day*
puasa *fast*
bercita-cita *to aspire to*
haji *pilgrimage to Mecca*
secara mendatar *superficially,
in general*
susunan *order*
bersifat kota *urban*
bersifat desa *rural*

mayoritas *majority*
dominan *dominant*

▶ CD2 (23)

75 Orang tani di desa, yang menurut pelapisan sosial tersebut di atas termasuk golongan *wong cilik*, di antara mereka sendiri juga terdapat pembagian secara berlapis. Lapisan yang tertinggi dalam desa adalah *wong baku*. Lapisan ini terdiri dari keturunan orang-orang yang dulu
80 pertama-tama datang menetap di desa. Mereka ini memiliki sawah, rumah dan pekarangannya.

orang tani *farmers*
pertama-tama *at first, at the very beginning*
menetap (tetap) *to settle*
pekarangannya *its plot of land; yard, compound*

Lapisan yang kedua di dalam rangka sistem pelapisan sosial di desa adalah lapisan *kuli gandok* atau *lindung*. Mereka adalah orang laki-
85 laki yang telah kawin, akan tetapi tidak mempunyai tempat tinggal sendiri, sehingga terpaksa menetap di rumah kediaman mertuanya. Namun begitu, tidaklah berarti bahwa mereka ini tidak mempunyai tanah-tanah pertanian yang dapat
90 diperoleh dari warisan atau pembelian.

kediaman *residence*
mertuanya *his in-laws*
namun begitu *however, nevertheless*
berarti *to mean*
warisan *inheritance*
pembelian *purchase*

Adapun golongan lapisan ketiga, ialah lapisan *joko, sinoman* atau *bujangan*. Mereka semua belum menikah dan masih tinggal bersama-sama dengan orang tua sendiri atau *ngenger* di
95 rumah orang lain. Golongan *bujangan* ini bisa mendapat atau memiliki tanah-tanah pertanian, rumah dan perkarangannya dari pembagian warisan dan pembelian.

menikah *to be married*

Sistem penggolongan tersebut di atas selanjut-
100 nya menimbulkan (timbul) hak dan kewajiban yang berbeda dari keluarga-keluarga atau anggota-anggota tiap-tiap ketiga lapisan itu.

selanjutnya *furthermore*
menimbulkan (timbul) *to give rise to*

▶ CD2 (24)

*   Secara administratif, suatu desa di Jawa
105 biasanya disebut *kelurahan* dan dikepalai oleh seorang *lurah*. Lain-lain istilah yang berbeda adalah misalnya *petinggi, bekel, blondong* dan sebagainya. Sekelompok dari 15 sampai 25 desa merupakan suatu kesatuan administratif yang
110 disebut *kecamatan* dan dikepalai oleh seorang pegawai negeri, atau *pamong praja*, yang disebut camat.

secara administratif *administratively*
dikepalai *to be headed by, led by*
sekelompok *a group*

Di dalam melakukan pekerjaan sehari-hari kepala desa dengan pem<u>bantu</u>-pembantunya,
115 yang semuanya disebut pamong desa, mempunyai dua tugas pokok, ialah tugas ke<u>sejahteraa</u>n desa dan tugas ke<u>polisi</u>an untuk memelihara ke-<u>tertib</u>an desa. Lurah dipilih oleh dan dari penduduk desa sendiri dengan ketentuan yang
120 berlaku bagi calon yang dipilih atau yang memilih. *[p. 345]*

pem<u>bantu</u>nya *his assistant*
pamong desa *village administrator*
ke<u>sejahteraa</u>n *well-being*
ke<u>polisi</u>an *policing*
ke<u>tertib</u>an *discipline, law and order*
ke<u>tentu</u>an *criteria*
ber<u>laku</u> *applies to; is valid for; to take effect*
calon *candidate*

[Kodiran, Universitas Gadjah Mada]

Figure 34: Kraton, Jogjakarta

Figure 35: Desa Jawa

Figure 36: Sawah

Figure 37: Candi Hindu, Dataran Tinggi Dieng, Jawa

LATIHAN
Exercises

I   **TATABAHASA**   Grammar

12.1A You are given a list of 5 utterances taken from Lessons 11 and 12 and a list of seven words.

(a) Fill in the blanks with the appropriate word.
(b) Translate each utterance into English.
(c) State one function of the -*an* suffix and present two examples from the following utterances to support your statement.

<u>susunan</u>   <u>iringan</u>   <u>golongan</u>
<u>ajaran</u>   <u>warisan</u>   <u>lapisan</u>
                 <u>hubungan</u>

1. Dalam kerangka _____ masyarakat orang Jawa, kaum *priyayi* dan *bendara* merupakan _____ atas, sedangkan *wong cilik* menjadi lapisan masyarakat bawah.

    _____

    _____

    _____

    _____

2. _____ orang *agama kejawen* sebenarnya adalah orang-orang yang percaya kepada _____ agama Islam, akan tetapi mereka tidak secara patuh menjalankan rukun-rukun dari agama Islam itu.

    _____

    _____

    _____

    _____

3. Namun begitu, tidaklah berarti bahwa lapisan *kuli gandok* atau *lindung* tidak mempunyai tanah-tanah pertanian yang dapat diperoleh dari atau _____ pembelian.

_____
_____
_____
_____

4. Dalam _____-nya dengan kehalusan bahasa,
    sering dikemukakan bahwa bahasa Sunda yang murni dan yang halus
    ada di daerah Priangan.

    _____
    _____
    _____
    _____

5. Tukang pantun mendongengkan cerita pantunnya dengan _____
    bunyi kecapi.

    _____
    _____

12.1B   You are given 5 utterances taken from Lessons 9-12. In each of these
            utterances a blank space has been left to show where the prefix-suffix
            combination *peng--an* has been omitted from one or more of the verbs.

   (a) Write the correct form of the *peng-an* prefix in the space provided,
        making changes to the initial sound of the verb root where
        required.
   (b) Translate each utterance into English.
   (c) State one function of the *peng--an* prefix-suffix combination and
        present two examples from the following utterances to support
        your statement.

1. Orang tani di desa, yang menurut pelapisan sosial masyarakat Jawa di
    atas termasuk golongan *wong cilik*, di antara mereka sendiri juga
    terdapat _____ bagi ___ secara berlapis.

    _____
    _____
    _____
    _____

Pada 1 _____ ada dua macam bahasa Jawa apabila

2 _____ dari kriteria tingkatannya, 3 _____

bahasa Jawa *ngoko* dan *krama*. Bahasa Jawa *ngoko* itu 4 _____

untuk orang yang sudah dikenal akrab, dan 5 _____

orang yang lebih muda usianya 6 _____ lebih rendah

derajat atau status sosialnya. Lebih 7 _____ lagi

adalah bahasa Jawa *ngoko lugu* dan *ngoko andap*. 8 _____

bahasa Jawa *krama* digunakan untuk bicara dengan yang belum dikenal

akrab 9 _____ yang sebaya dalam umur maupun

10 _____.

12.6   Read the utterances in the first column, then look for an utterance in the second column that has the same meaning or the closest similar meaning. Write the letter of that utterance in the space provided.

1. ___ Di dalam kenyataan hidup masyarakat orang Jawa, orang masih membeda-bedakan antara orang priyayi dengan orang kebanyakan.

A. Orang di desa yang merupakan lapisan paling atas dari golongan *wong cilik* adalah orang yang memiliki sawah, rumah dan pekarangannya.

2. ___ Kaum priyayi dan *bendara* merupakan lapisan atas, sedangkan *wong cilik* menjadi lapisan masyarakat bawah.

B. Dalam kehidupan sehari-hari orang Jawa, terdapat perbedaan antara pegawai negeri dan kaum terpelajar, dengan orang seperti petani, tukang dan pekerja kasar lainnya.

3. ___ *Wong cilik* di antara mereka sendiri terdapat pembagian secara berlapis.

C. Orang tani di desa serta tukang dan pekerja kasar lainnya juga membedakan derajat sosial masing-masingnya.

4. ___ Lapisan tertinggi dalam desa adalah *wong baku*.

D. Dari kedua macam derajat sosial ini ada variasi berbagai dan kombinasi antara lapisan-lapisan atas dan bawah.

5. ___ Lapisan yang kedua di dalam rangka sistem pelapisan sosial di desa adalah lapisan *kuli gandok* atau *lindung*.

E. Orang kebanyakan mempunyai kedudukan yang paling rendah dalam masyarakat ini. Sebaliknya kaum priyayi serta keluarga keraton dan keturunan bangsawan lainnya mempunyai kedudukan yang paling tinggi.

F.   Dalam pelapisan sosial yang terdapat di desa, lapisan ini ter-masuk orang-orang yang belum menikah dan masih tinggal dengan orang tuanya sendiri.

G.   Sesudah lapisan yang disebut *wong baku* terdapat lapisan sosial yang terdiri dari golongan orang laki-laki yang, walaupun sudah kawin, tidak memiliki rumah sendiri.

12.7   Complete the sentences in the first column by selecting an appropriate ending from the second column. Write the letter of that sentence ending in the space provided.

1. ___ Menurut kriteria pemeluk agamanya, orang Jawa biasanya membedakan

2. ___ Golongan *agama kejawen* sebenarnya adalah orang-orang yang percaya kepada ajaran agama Islam

3. ___ Golongan *agama kejawen* misalnya tidak solat, tidak pernah puasa,

4. ___ Demikian secara mendatar dalam susunan masyarakat orang Jawa itu

5. ___ Di berbagai daerah di Jawa orang *santri* menjadi mayoritas

A.   berdasarkan gengsi-gengsi itu, orang *agama kejawenlah* yang menjadi mayoritas.

B.   orang *santri* dengan orang *agama kejawen*.

C.   akan tetapi mereka tidak secara patuh menjalankan rukun-rukun dari agama Islam itu.

D.   terdapat juga orang *santri* yang bisa dibedakan dengan orang *agama kejawen*.

E.   sedangkan di lain daerah orang beragama *kejawenlah* yang dominan.

F.   ada golongan *santri* dan ada golongan *agama kejawen*.

G.   tidak bercita-cita untuk melakukan ibadah haji dan sebagainya.

12.8* In Column 1 are listed two levels of administration in Indonesia. In Column 2 are a number of terms which relate to one of these two levels. Write the letter of the terms in Column 2 beneath the administrative level in Column 1 that they refer to.

1. Kelurahan

    ———

    ———

    ———

    ———

    ———

2. Kecamatan

    ———

    ———

    ———

    ———

    ———

A. *petinggi*

B. desa

C. pegawai negeri

D. sekelompok 15-25 desa

E. *blondong*

F. *camat*

G. *bekel*

H. *pamong praja*

I. kepala desa

J. pamong desa

III   **PEMBICARAAN**   Discussion

12.9 1. Menurut pendapat Anda, mengapa timbul perbedaan logat bahasa berdasarkan kriteria tingkatannya?

2. Kriteria apa yang dapat digunakan untuk membedakan antara kegunaan variasi bahasa Jawa?

3. Apakah wujud variasi bahasa yang begitu banyak di Jawa bisa menimbulkan kesulitan di kalangan pembicaranya? Berikan pendapat Anda.

12.10* 1. (a) Dari segi kesatuan administratif, bandingkan *lurah* dan *camat*, orang yang mengekepalainya, cara kedua orang itu dipilih dan tugas yang dilakukan masing-masing.
    (b) Apa perbedaan *kelurahan* dan *kecamatan*?

2. Lukiskan tingkatan kesatuan administratif yang ada di negara Anda. Sebutkan tugas masing-masing kesatuan itu, siapa yang mengekepalainya, cara orang itu dipilih, banyaknya kota, daerah, penduduk dan lain-lain yang termasuk dalam suatu kesatuan, dan sebagainya.

PETA
Maps

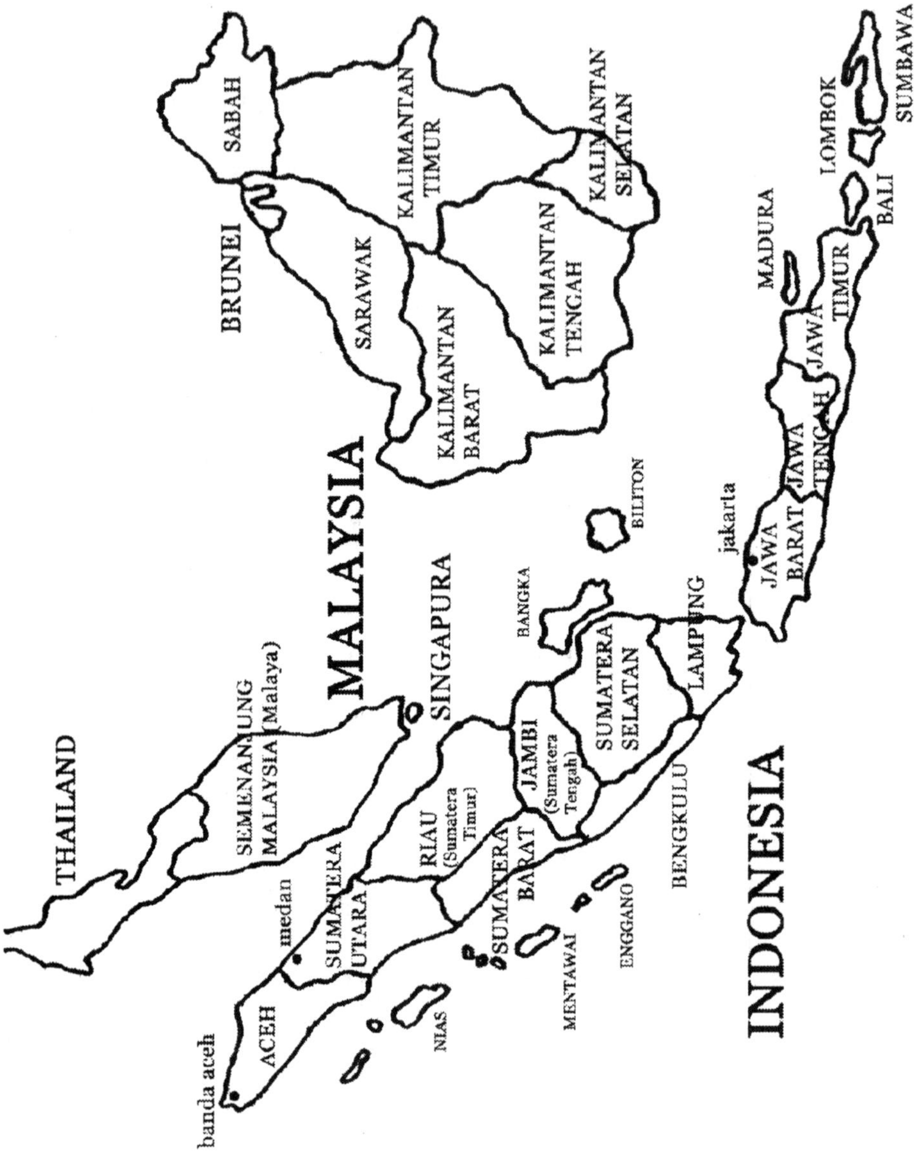

THAILAND

MALAYSIA

SINGAPURA

BRUNEI

SABAH

SARAWAK

KALIMANTAN TIMUR

KALIMANTAN SELATAN

KALIMANTAN TENGAH

KALIMANTAN BARAT

SEMENANJUNG MALAYSIA (Malaya)

banda aceh

ACEH

medan

SUMATERA UTARA

NIAS

RIAU
(Sumatera Timur)

SUMATERA BARAT

MENTAWAI

ENGGANO

JAMBI
(Sumatera Tengah)

BANGKA

BILITON

SUMATERA SELATAN

LAMPUNG

BENGKULU

jakarta

JAWA BARAT

JAWA TENGAH

JAWA TIMUR

MADURA

BALI

LOMBOK

SUMBAWA

INDONESIA

Map 1: Indonesia (bagian Barat)

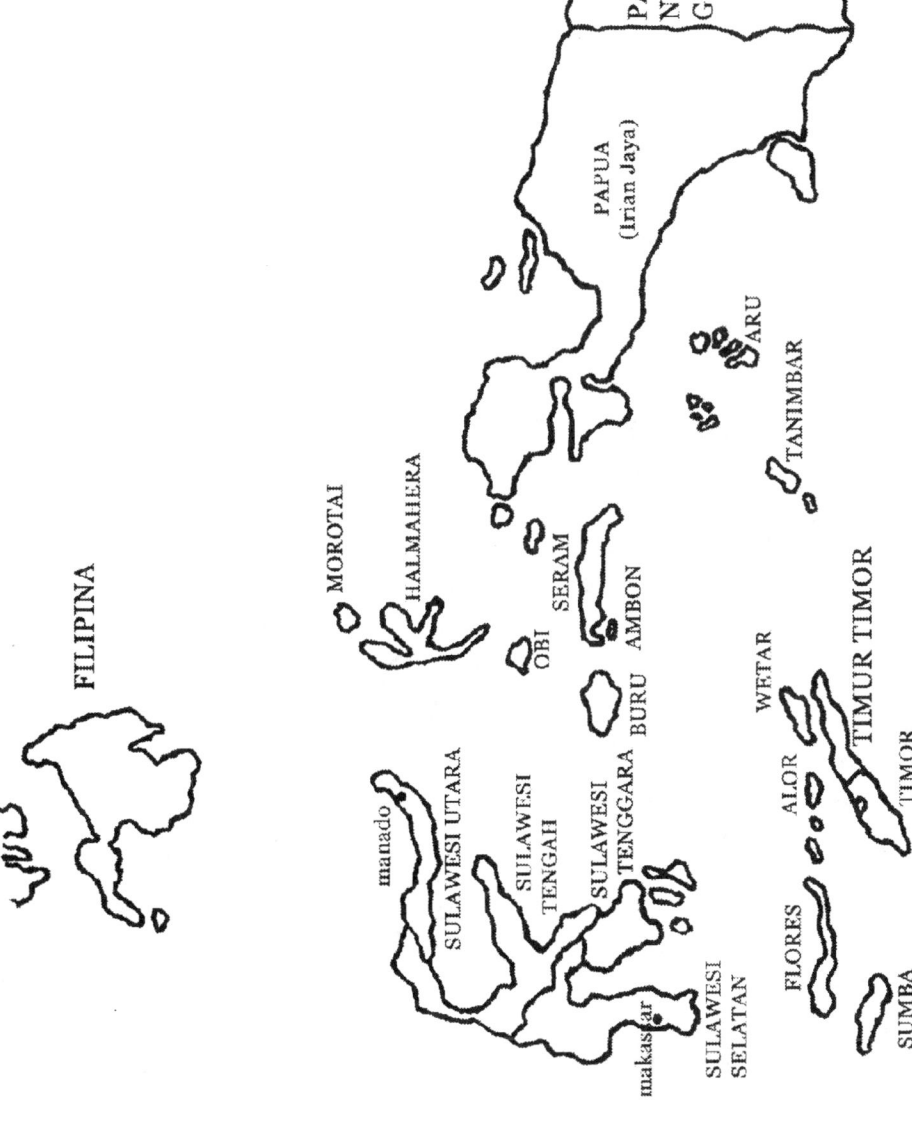

Map 2: Indonesia (bagian Timur)

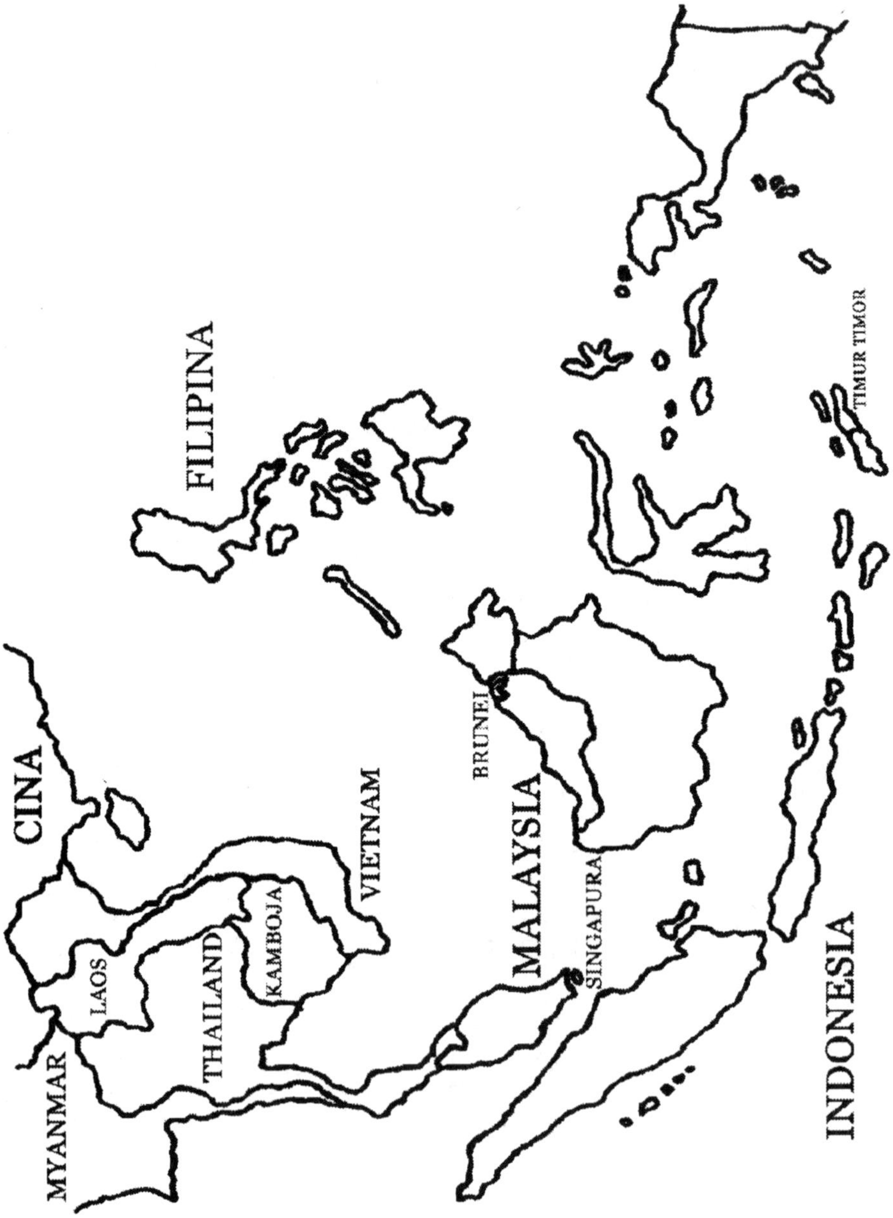

CINA

FILIPINA

MYANMAR

LAOS

THAILAND

KAMBOJA

VIETNAM

BRUNEI

MALAYSIA

SINGAPURA

INDONESIA

TIMUR TIMOR

Map 3: Asia Tenggara

DAFTAR KATA
Glossary

a

abad 6 *century*

abadi 10 *eternal, everlasting*

abu 1 *ashes*

ada: mengadakan 3 *to establish;* **diadakan** 4 *to be held;* **berada** 3 *to be, exist;* **keadaan** 3 *situation;* **ada kalanya** 1 *at times, sometimes;* **adapun** 6 *now, it so happens that;* 9 *there is as well*

adalah 1 *to be (is, are; was, were)*

adat 3, 4 *tradition, custom, traditional;* **bersifat adat** 8 *traditional, customary*

adat istiadat 7 *traditional customs*

agak 10 *rather*

agama 2 *religion;* **beragama** 4 *to have as a religion;* **keagamaan** 10 *religious*

agar 4 *so that*

ahli 9 *expert, specialist;* **ahli bahasa** 6 *linguist*

ajak: diajak 12 *to be invited to*

ajar: dipelajari 6 *to be studied;* **ajaran** 10 *teachings*

akan tetapi 2 *but, however*

akhir: berakhir 10 *to come to an end*

akibat 1 *due to, as a result of;* **mengakibatkan** 3 *to cause;* **akibatnya** 2 *the result of it*

akrab 11 *close*

aktivitas 7 *activity*

akulturasi 9 *acculturation*

alam 1 *natural;* **mengalami** 3 *to experience*

alamat 1 *omen, sign*

alasan 2 *reason*

alat 1 *instrument, device;* 7 *tool, implement*

aliran: beraliran 10 *following particular ways, beliefs*

aman 6 *peaceful;* **keamanan** 8 *safety*

amanah 6 *instructions*

amarah 3 *anger*

amat 1 *very*

ambil: mengambil 6 *to take;* **diambil** 1 *to be taken*

amplop 4 *envelope*

anak: anak saudara perempuan 8 *niece;* **beranak** 4 *to have a child*

Anda 1 *you*

aneh 7 *unusual*

aneka: beraneka 7 *various*

anggap: dianggap 2 *to be considered*

anggota 1 *members;* 12 *parts*

angkat: diangkat 7 *to be carried*

ani-ani 5 *palm-held knife used for cutting rice stalks*

anjing 7 *dog*

antara lain 1 *among other things*

antropologi-budaya 11 *social anthropology;* **secara antropologi-budaya** 11 *socio-anthropologically*

anut: menganut 10 *to practise (a particular religion)*

apabila 4 *when, whenever*

apalagi 3 *moreover, especially*

api 10 *lights, fire*

arak 1 *rice wine*

arti: *meaning, significance* 6; **berarti** 12 *to mean*

asal: berasal 3 *to originate*

Asia Tenggara 9 *Southeast Asia*

asimilasi: berasimilasi 9 *to assimilate*

asing 8 *foreign*

atap 7 *roof*

atas: mengatasi 3 *to overcome*

atur: peraturan 6 *rules, regulations*

Austronesia 2 *Austronesian*

ayah 8 *father*

ayam 5 *chicken*

b

babi 5 *pig;* **babi hutan** 1 *wild boar*

bagai: berbagai 1 *various;* **bagaikan** 1 *like;* **pelbagai** 10 *various;* **sebagai** 1 *like*

bagaimana 2E *how is, how does*

bagi 1 *for;* **terbagi** 1 *to be divided;* **pembagian** 8 *the division of;* 10 *phase, part;* **sebagian** 1 *a part of*

bahan 6 *materials*

bahasa *language;* **bahasa ibu** 3 *native language;* **bahasa pengantar** 11 *medium of instruction (in schools)*

bahaya: membahayakan 3 *to be dangerous;* **berbahaya** 1 *dangerous*

bahkan 1 *moreover*

baik: memperbaiki 2 *to repair*

baik ... maupun 1 *both*

bajak 5 *plough;* **membajak** 5 *to plough*

bakar: membakar 5 *to burn;* **dibakar** 1 *to be burned;* **pembakaran** 1 *a fire, burning*

bakau 7 *mangrove tree*

balai *public hall, building;* **balai roh** 7 *spirit house*

balik: sebaliknya 3 *on the other hand; on the contrary*

balok 7 *beam*

bambu 1 *bamboo*

banding: dibandingkan 9 *to be compared to;* **bandingkan** 1E *to compare*

bangsawan 8 *nobles, aristocrats*

bangun: membangun 2 *to build;* **dibangun** 2 *to be built;* **pembangunan** 7 *the building of;* **bangunan** 7 *building*

banjir 2 *flood*

bantu: membantu 2 *to aid, assist;* **dibantu** 3 *to be helped* **pembantu** 12 *assistant;* **bantuan** 1 *help, aid, assistance*

banyak: *many, a lot;* **cukup banyak** 7 *very many;* **terbanyak** 1 *mostly;* **kebanyakan** 2 *for the most part;* 9 *the majority of*

baris: berbaris 1 *to line up*

basah 7 *wet*

batal: dibatalkan 4 *to be cancelled*

batang kayu 1 *trunk (of a tree)*

batas: dibatasi 2 *to be bounded by, to be separated by;* **perbatasan** 2 *border, boundary*

batih: keluarga batih 7 *nuclear family*

batu nisan 2 *gravestone*

bawa: membawa 4 *to carry;* **pembawa** 3 *bringer, courier*

baya: sebaya 12 *the same; an equal*

bayang: bayangan 3 *imagination*

bayar: membayar 4 *to pay;* **pembayaran** 4E *the payment of*

bebas 2 *free;* **kebebasan** 10 *liberty, freedom*

bebek 5 *duck*

beda: membeda-bedakan 12 *to differentiate;* **dibedakan** 3 *to be distinguished, differentiated from;* **berbeda** 2 *different;* **perbedaan** 4 *difference*

bekas 1 *remnants*

belah: dibelah 10 *to be split*

Belanda 6 *the Dutch*

beli: pembelian 12 *purchase*

belukar 2 *thickets, shrubs*

benar: sebenarnya 1 *actually, in reality*

bencana 1 *calamity, disaster*

benda-benda 3 *things*

benda milik 12 *property, possessions*

bentuk 2 *form, layout;* **membentuk** 1 *to form*

berabad-abad 6 *for centuries*

berada 3 *to be, exist*

beragama 4 *to have as a religion*

berakhir 10 *to come to an end*

beraliran: yang ... 10 *those following the teachings of*

beranak tunggal 4 *to have only one child*

beraneka warna 7 *various types*

berarti 12 *to mean*

berasal 3 *to originate*

berasimilasi 9 *to assimilate*

berbagai 1 *various*

berbahaya 1 *dangerous*

berbaris 1 *to line up*

berbeda 2 *different*

berbicara 12 *to speak*

berburu 7 *to hunt*

bercelah 7 *to contain gaps, spaces*

bercita-cita 12 *to aspire to*

bercocok tanam 5 *to work the land*

berdasarkan 2 *to be based on*

berdekatan 2 *near (to each other)*

berderet 2 *in a row; in a line*

berdiam 1 *to live, reside*

bergiliran 1 *to take turns*

berguna 2 *useful*

berhak 5 *to possess rights to*

berhasil 9 *successful*

berhubungan 3 *to be connected; to have a relation to*

berhuruf 10 *with the letters, writing of*

beri: diberi 1 *to be given, treated with;* **diberikan** 1 *to be given;* **pemberian** 4 *the giving of;* 5 *gift, offering*

beribu-ribu 10 *thousands of*

berikut 1 *follows*

berikutnya 10 *following it*

berirama 11 *rhythmic*
berisi 4 *filled with*
berisikan 4 *to contain*
beritahu: mem**ber**itahukan 4 *to reveal, say*
berjaga 7 *to stand watch*
berjalan lalu 7 *to pass through*
berjudi 3 *to gamble*
berkat 5 *thanks to, due to*
berkelompok 2 *in groups, clusters*
berkembangnya 3 *the development of, spread of*
berkesimpulan 6 *to come to a conclusion*
berkurang 6 *to lessen, diminish*
berladang 1 *to cultivate unirrigated land*
berlainan 9 *different*
berlaku 6 *to act, behave;* 12 *to apply to; to take effect; is valid for*
berlangsung 6 *to take place, occur*
berlangsungnya 9 *to take place*
berlapis 7 *in layers*
bermacam-macam 2 *various*
bermalam 7 *to spend the night*
bermigrasi 9 *to migrate*
berpedoman 6 *to be guided by*
berperan 4 *to act, take the role of*
bersaji 10 *with offerings of food and flowers*
bersamaan 10 *together with*
bersangkutan 3 *to be under consideration; to be relevant*
bersatu 2 *to be joined*
bersifat 8 *to have the characteristics, functions of;* **ber**sifat adat 8 *traditional, customary;* **ber**sifat desa 12 *rural;* **ber**sifat dialek 8 *dialectal;* **ber**sifat kota 12 *urban;* **ber**sifat umum 10 *for public use*
bersih: mem**ber**sihkan 1 *to clear;* ke**ber**sihan 2 *cleanliness*
bertempat tinggal 11 *to reside*
bertindak 8 *to act as*
bertingkat 12 *in levels;* se**cara** ber**tingkat** 12 *hierarchical, stratified*
bertopeng 1 *masked*
bertugas 8 *to undertake duties*
bertujuan 3 *with the aim, objective of*
berukuran 7 *to measure*
berumah tangga 5 *to have a household;*

to set up house
berumur 7 *to be of the age*
berupa 10 *is; to take the form of*
besar: ke**bes**aran 11 *greatness, splendour*
besi 7 *steel, iron*
biar: di**biar**kan 1 *to be left*
bibit 1 *seedlings*
bicara: di**bicara**kan 12 *to be spoken about;* **bicara**kan 1 *to discuss, talk about;* ber**bicara** 12 *to speak;* pem**bicara** 2 *the speakers;* juru**bicara** 4 *spokesperson, spokesman*
binatang 1 *animal*
bincang: di**bincang**kan 4 *to be discussed*
buah: se**buah** 2 *a (numerical classifier)*
buah 10 *reward*
buah-**buah**an 1 *fruits*
buas 2 *wild*
buat: di**buat** 1 *to be made;* per**buat**an 10 *deed;* **buat**an 7 *made by*
bubuh: di**bubuh**i 6 *to be overlaid*
bubuk 6 *powder*
bubur 7 *porridge*
budak 6 *slave*
budaya: ke**buday**aan 1 *culture*
bujur: mem**bujur** 10 *to stretch*
buka: mem**buka** 1 *to clear*
bukan saja 1 *not only*
bulan *moon;* **bulan**an 1 *monthly;* bulan mati 10 *new moon;* bulan mengecil (kecil) 10 *the last quarter of the moon;* bulan penuh 10 *full moon;* bulan terbit 10 *crescent moon; the first quarter*
bunga rampai 6 *anthology*
bunyi 8 *sound*
buru: ber**buru** 7 *to hunt*
burung 1 *bird;* burung hantu 3 *owl*
buta huruf 2 *illiteracy*
butir 1 *grain*
butuh: mem**butuh**kan 7 *to require, call for;* di**butuh**kan 5 *to be required, needed;* ke**butuh**an 2 *needs, necessities*

C

cabang 1 *branch*
cabe 1 *chilli*

kegiatan 2 *activity*
kegunaan 1E *the use of*
kehalusan 11 *refinement*
kehidupan 6 *life, the life of*
kekayaan 4 *wealth, resources*
kekecewaan 4 *disappointment*
kekerabatan 8 *kin*
kekuatan 3 *power, force*
kekurangan 1 *to lack; the lack of*
kelahiran 3 *birth*
kelak 1 *at some future time*
kelangsungan 4 *the continuation of*
kelapa 2 *coconut*
kelaparan 1 *famine*
kelelawar 7 *cave bat*
kelompok 1 *group;* **berkelompok** 2 *in groups, clusters;* **sekelompok** 12 *a group*
keluar: dikeluarkan 4 *to be spent*
keluarga: *family;* **keluarga batih** 7 *nuclear family*
kemajuan 2 *progress*
kemampuan 2 *capability, capacity; financial means, resources*
kemasyarakatan 8 *social*
kematian 3 *death*
kembali 4 *back, return*
kembang: dikembangkan 1 *to be developed;* 1 *to be developed;* **berkembangnya** 3 *the development of, spread of;* **perkembangan** 6 *development, expansion*
kemerdekaan 5 *independence*
kena: mengenai 8 *regarding, about;* **terkena** 5 *is affected by; is subject to*
kenal: mengenal 2 *to know, recognise;* **memperkenalkan** 5 *to introduce;* **dikenali** 2 *to be identified, introduced;* **dikenal** 3 *to be known;* **terkenal** 11 *well-known, famous;* **kenalan** 11 *acquaintances*
kenang: terkenang 11 *remembered*
kenyataan 12 *the reality of, actual*
kepala: mengepalai 12E *to head, lead;* **dikepali** 12 *to be headed, led by*
kepandaian 9 *skill*
kepastian 4 *assurance*
kepentingan 8 *the interests of*
kepercayaan 3 *beliefs*

keperluan 1 *requirements, needs, purpose*
kepiting 7 *crab*
kepolisian 12 *policing*
kepulauan 4 *archipelago*
kepunyaan 2 *possessed by*
keputusan 6 *decisions*
kera 1 *monkey (type)*
kerabat: kekerabatan 8 *kin;* **kerabatan** 2 *kin, family*
kerajaan 6 *kingdom*
keramat 6 *sacred*
kerang 7 *cockle shell*
kerangka 7 *framework*
kerap kali 4 *frequently, often*
keras 8 *strict*
keraton 12 *palace of a Javanese ruler*
kerbau 5 *water buffalo*
kering 6 *dry;* **mengering** 1 *to dry*
keris 3 *kris (wavy, double-edged dagger)*
kerja: mengerjakan 1 *to work on;* **dipekerjakan** 9 *to be put to work;* **pekerja** 12 *worker;* **pengerjaan** 1 *the working on;* **kerja sama** 1 *cooperation;* **tenaga kerja** 1 *workforce*
kertas 6 *paper*
kesaktian 3 *supernatural, divine powers*
kesamaannya 8 *its equivalent*
kesan: mengesan 8 *to be obvious*
kesatuan 5 *unit*
kesehatan 2 *health*
kesejahteraan 12 *well-being*
keseluruhan 8 *the totality of, the whole of*
kesembilan 10 *ninth*
kesenangan 2 *recreation*
kesenian 11 *the arts*
kesepuluh 10 *tenth*
kesetiaan 8 *loyalty*
kesulitan 3 *difficulties*
kesusasteraan 6 *literature*
ketan 1 *glutinous rice, sticky rice*
ketentuan 12 *criteria*
keterangan 10 *explanation*
ketertiban 12 *discipline, law and order*
ketidaksetujuan (tidak + setuju) 4 *disagreement*
ketrampilan 9 *skill*
keturunan 1 *descendants*

kewajiban 2 *responsibility, duty, obligation*

khas 2 *special, specific to*

khusus: 2 *especially, uniquely;* 12 *particularly;* **dikhususkan** 2 *to be set aside for;* **khususnya** 3 *especially, particularly;* 7 *exclusively*

kini 9 *now*

kira: mengira 6E *to reckon, believe*

kira-kira 1 *about, approximately*

kirim: mengirim 4 *to send;* **dikirimkan** 4 *to be sent*

kitab suci 10 *holy books*

klen 4 *clan*

kolonial 6 *colonial*

kombinasi 12 *combination*

komunikasi 3 *communication*

konsep 10 *conceptual*

konsepsi 3 *conception, concept*

korban 10 *sacrifice*

kota *city;* **bersifat kota** 12 *urban*

kraton 12 *palace of Javanese rulers*

Kristen 3 *Christianity;* 10 *Protestant*

kriteria 12 *criteria*

kuasa: menguasai 6 *to control;* 11 *to have mastered (learned)*

kuat: kekuatan 3 *power, force*

kuil 10 *temple*

kuku 3 *nails*

kuli 9 *coolie, labourer*

kulit 7 *bark;* **dikuliti** 7 *to be stripped of its bark*

kumpul: mengumpulkan 4 *to gather;* **pengumpulan** 4 *the collection of;* **sekumpulan** 10 *group*

kunjung: kunjungan 4 *visit*

kuno 5 *ancient, old*

kura-kura 7 *turtle*

kurang: mengurangi 4 *to reduce;* **berkurang** 6 *to lessen, diminish;* **kekurangan** 1 *to lack; the lack of;* **kurang sifatnya** 9 *less characteristic, successful*

kurus 1 *thin, infertile*

kutuk: kutukan 3 *curse*

l

labuh: pelabuhan 4 *harbour*

labu-labuan 1 *squashes*

ladang 1 *unirrigated land;* **berladang** 1 *to cultivate unirrigated land*

lagu-lagu 11 *songs, tunes*

lahir: melahirkan 11 *to give birth to;* **kelahiran** 3 *birth*

lain: melainkan 11 *but rather, but instead* **berlainan** 9 *different;* **selain** 1 *besides*

lakon: lakonnya 11 *its story*

laksana: dilaksanakan 4 *to be carried out;* **pelaksanaan** 10 *the performance of*

laku: melakukan 2 *to carry out;* **dilakukan** 1 *to be carried out;* **berlaku** 6 *to act, behave;* 12 *to apply to; to take effect; is valid for*

lalu: melalui 3 *through, via*

lama: selama 1 *for a particular length of time*

lamar: melamar 4 *to propose marriage*

lampan 4 *tray*

lampau: masa lampau 11 *the past*

langgar: melanggar 3 *to disobey;* 6 *to break (as a promise);* **dilanggar** 1 *to be struck*

langsung 3 *directly;* **dilangsungkan** 4 *to be carried out;* **berlangsung** 6 *to take place, occur;* **berlangsungnya** 9 *to take place;* **kelangsungan** 4 *the continuation of*

lanjut: selanjutnya 1 *subsequent;* 12 *furthermore*

lantik: dilantik 10 *to be appointed, selected*

lapar: kelaparan 1 *famine*

lapis: berlapis 7 *in layers;* **pelapisan** 6 *stratification;* **lapisan** 6 *layers, levels*

larang: dilarang 8 *to be forbidden;* **terlarang** 8 *to be forbidden*

lari: melarikan 4 *to run off with;* **dilarikan** 4 *to be run off with;* **pelarian** 4 *elopement*

latar belakang 6 *background*

lauk-pauk 1 *main dish*

laut: lautan 4 *sea, ocean;* **Lautan Teduh** 4 *Pacific Ocean*

lawan: melawan 6 *to fight; against*

layan: melayani 5 *to supply, serve;* **pelayanan** 8 *treatment, service*

lazim 4 *usual*

lebar 7 *wide*

lebat 3 *heavy (rain)*; 10 *dense*

lebih: terlebih dahulu 11 *was first*

lebur: melebur 10 *to destroy*

legendaris 6 *legendary*

leluhur 3 *ancestors, forefathers*

lengkap: perlengkapan 4 *belongings*

lepas 1 *to be set loose*; **dilepaskan** 7 *to be freed, separated*; **terlepas** 8 *apart from*

letak: diletakkan 4 *to be placed*; 7 *to be put aside*; **terletak** 1 *located*; **yang letaknya** 2 *whose location is*

letus: meletus 3 *to erupt*

liar 1 *wild*

lidi ijuk 6 *midrib of the sugar palm frond*

lihat: memperlihatkan 4 *to show*; **dilihat** 10 *to be seen*; **terlihat** 3 *one sees*

lindung: melindungi 10 *to protect*; **dilindungi** 11 *to be protected*; **perlindungan** 4 *protection*

lingkar: lingkaran 3 *sphere*

lingkung: lingkungan 2 *area*; 3 *sphere*

lipat: lipatan 7 *folds*

lipur: penglipur lara 11 *story-teller*

liput: meliputi 4 *to encompass, cover, pervade*

logat 2 *dialect*

lontar 6 *palm leaf manuscript*

luas 5 *wide, extensive* **meluaskan** 5 *to extend, expand*; **seluas** 8 *the extent of*; **luasnya** 10 *area, extent*

lubang 1 *hole*

lucu 6 *comical*

lukis: dilukiskan 11 *to be described, to serve as an illustration*; **lukiskan** 1E *to describe*

lumbung 8 *granary*

luruh: seluruh: 3 *all of*; **seluruhnya** 1 *all of that*; **keseluruhan**; 8 *the totality of*

lurus 7 *straight*

m

macam 1 *types*; **bermacam-macam** 2 *various*

madrasah 2 *Islamic schools*

main: pemain 11E *player*; **permainan** 11 *the performance*

maju: kemajuan 2 *progress*

maka 2 *so, consequently*

makan: memakan 1 *to consume, use*

makhluk 3 *creatures*; **makhluk halus** 3 *supernatural creatures*

maktub: termaktub 10 *to be recorded*

malam: bermalam 7 *to spend the night*; **semalam suntuk** 11 *the whole night*

malapetaka 3 *misfortune, disaster*

malu 4 *embarrassed*

mampu: kemampuan 2 *capability, capacity*; *financial means, resources*

manifestasi 10 *manifestation*

mantra 10 *mantra, magic formula*

manusia 3 *humankind, people*

maritim 9 *maritime*

masa 3 *when, at the time of*

masing-masing 1 *respective*

mas kawin 4 *dowry*

masuk: memasukkan 1 *to put in*; **memasuki** 1 *to enter*; **dimasuki** 3 *to be entered*; **termasuk** 1 *includes*

masyarakat 5 *society*; 11 *people*; **kemasyarakatan** 8 *social*

mata 7 *barb, point*

mata-mata: semata-mata 2 *primarily, only, clearly*

mata pencarian 1 *livelihood*

mati: kematian 3 *death*

matrilineal 8 *matrilineal*

maupun 3 *as well as*

mayoritas 12 *majority*

melahirkan 11 *to give birth to*

melainkan 11 *but rather, but instead*

melakukan 2 *to carry out*

melalui 3 *through, via*

melamar 4 *to propose marriage*

melanggar 3 *to disobey*; 6 *to break (as a promise)*

melarikan 4 *to run off with*

melawan 6 *to fight*; *against*

melayani 5 *to supply, serve*

Melayu 2 *Malay*; **Melayu Jakarta** 11 *Jakarta Malay*; **Sejarah Melayu** 2 *Malay Annals*

me**le**bur 10 *to destroy*
me**letus** 3 *to erupt*
me**lindungi** 10 *to protect*
me**liputi** 4 *to encompass; to cover, pervade*
me**luas**kan 5 *to extend, expand*
me**makan** 1 *to consume, use*
me**mancing** (**pancing**) 7 *to fish with a hook and line*
me**masang** (**pasang**) 1 *to set*
me**masuki** 1 *to enter*
me**masuk**kan 1 *to put in*
mem**baha**yakan 3 *to be dangerous*
mem**bajak** 5 *to plough*
mem**bakar** 5 *to burn*
mem**bangun** 2 *to build*
mem**bantu** 2 *to aid, assist*
mem**bawa** lari 4 *to run off with*
mem**bayar** 4 *to pay*
mem**beda-beda**kan 12 *to differentiate*
mem**bentuk** 1 *to form*
mem**beritahu**kan (**beri + tahu**) 4 *to reveal, say*
mem**bersih**kan 1 *to clear*
mem**bujur** 10 *to stretch*
mem**buka** 1 *to clear*
mem**butuh**kan 7 *to require, call for*
me**megang** (**pegang**) 5 *to hold, control*
me**melihara** (**pelihara**) 5 *to raise, take care of, nurture*
me**meluk** (**peluk**) 3 *to embrace, adhere to*
me**menuhi** (**penuh**) 4 *to fulfil*
me**merlukan** (**perlu**) 7E *to need, require*
me**miliki** 3 *to have, possess*
me**misah**kan (**pisah**) 8 *to separate*
me**moto**ng (**potong**) 5 *to cut*
mem**pengaruhi** 6 *to influence*
mem**perbaiki** 2 *to repair*
mem**pergunakan** 2 *to use*
mem**perhatikan** 1 *to pay attention to; 8 to look after*
mem**perhitungkan** 4 *to take into consideration*
mem**perkenalkan** 5 *to introduce*
mem**perlihatkan** 4 *to show*
mem**peroleh** 1 *to obtain*
mem**punyai** 2 *to possess*
me**muat** 6 *to contain*

me**muja** (**puja**) 3 *to worship*
me**mukul** (**pukul**) 7 *to pound*
me**mulai** 1 *to begin*
me**mungkinkan** 5 *to enable*
me**naati** (**taat**) 3 *to obey, adhere to*
me**nanam** (**tanam**) 1 *to plant*
me**nangkap** (**tangkap**) 5 *to catch*
me**nantu** perempuan 4 *daughter-in-law*
me**naruh** (**taruh**) 4 *to show (as sympathy)*
men**cabut** 1 *to pull out*
men**capai** 5 *to reach*
men**cari** 9 *to search, look for*
men**ciptakan** 1 *to create*
men**coba** 8 *to try, attempt*
men**cukupi** 1 *enough*
men**curi** 3 *to steal*
men**dapat** 1 *to get, obtain*
men**diami** 3 *to inhabit, live in*
men**dominasi** 9 *to dominate*
men**dongengkan** 11 *to narrate*
men**duduki** 11 *to hold*
men**dukung** 8E *to support*
me**nebang** (**tebang**) 1 *to fell*
me**negaskan** (**tegas**) 4 *to stress, emphasise*
me**nembak** (**tembak**) 7 *to shoot*
me**nempuh** (**tempuh**) 4 *to follow*
me**nemukan** (**temu**) 4 *to meet*
me**nerangkan** (**terang**) 4 *to explain*
me**nerbit** (**terbit**) 6 *to publish*
me**nerima** (**terima**) 4 *to accept, receive*
me**netap** (**tetap**) 9 *to stay permanently; 12 settle*
me**ngadakan** 3 *to establish*
me**ngakibatkan** 3 *to cause*
me**ngalahkan** (**kalah**) 3 *to defeat*
me**ngalami** 3 *to experience*
me**ngambil** 6 *to take*
me**ngambil** peranan 5 *to play a role*
me**ngandung** (**kandung**) 6 *to contain*
me**nganut** 10 *to practise, profess, follow (a particular religion)*
me**ngatasi** 3 *to overcome*
me**ngawini** (**kawin**) 8 *to marry*
me**ngedarkan** 4 *to pass around*
me**ngeksploitasi** 9 *to exploit*
me**ngelakkan** 4E *to avoid*
me**ngemukakan** 11E *to present*

mengenai (kena) 8 *regarding, about*
mengenal (kenal) 2 *to know, recognise*
mengepalai (kepala) 12E *to head, lead*
mengering (kering) 1 *to dry*
mengerjakan (kerja) 1 *to work on*
mengesan (kesan) 8 *to be obvious*
mengetahui 4 *to know*
mengetengahkan 11 *to present*
menggambarkan 6 *to describe*
mengganggu 3 *to bother, disturb*
menggantikan 1 *to replace, to take over*
menggarap 5 *to work*
menggaru 5 *to harrow*
menggugah 11 *to arouse*
menggunakan 2 *to use*
menghadapi 3 *to confront, face up to*
menghindari 2 *to avoid;* **menghindari diri** 2 *to protect oneself*
menghitung 10 *to calculate*
menghubungi 1 *to connect*
menghubungkan 5 *to put into contact with*
mengikuti 1 *to follow*
mengira (kira) 6E *to reckon, calculate*
mengirim (kirim) 4 *to send*
menguasai (kuasa) 6 *to control;* 11 *to have mastered (learned)*
mengucapkan 2 *to speak;* 3 *to say, utter*
mengumpat 12 *to curse*
mengumpulkan (kumpul) 4 *to gather*
menguraikan 4 *to analyse*
mengurangi (kurang) 4 *to reduce*
menikah 12 *to be married*
menimbulkan (timbul) 12 *to give rise to*
menimpa (timpa) 1 *to strike, befall*
meninggal (tinggal) 2 *to die*
meninggalkan (tinggal) 3 *to leave*
menjadi 1 *is, are; was, were (to be)*
menjaga 1 *to care for*
menjamin 4 *to guarantee*
menjebloskan 7 *to allow to fall through*
menjual 5 *to sell*
menolong (tolong) 3 *to help*
menombak (tombak) 7 *to spear*
menonton (tonton) 11E *to watch, observe*
menuai (tuai) 5 *to harvest*
menulis (tulis) 6 *to write*
menunggu (tunggu) 4 *to wait*

menunjukkan (tunjuk) 3 *to show*
menurut (turut) 4 *according to;* **menurut dugaan** 4 *according to assumptions, as far as we know*
menusuk(tusuk) 1 *to poke holes*
menutupi (tutup) 2 *to provide for, cover*
menyaksikan (saksi) 11 *to witness*
menyalakan 10 *to light*
menyangkut (sangkut) 9 *to touch upon, involve*
menyebabkan (sebab) 3 *to cause*
menyebar (sebar) 5 *to spread*
menyebut (sebut) 2 *to call;* 11 *to mention*
menyelenggarakan (selenggara) 10 *to perform*
menyerupai (serupa) 8 *to resemble; to be like*
menyesuaikan (sesuai) 12 *to adjust*
menyiangi (siang) 5 *to weed*
menyiapkan (siap) 5 *to prepare*
menyingkatkan (singkat) 4 *to shorten*
menyokong (sokong) 4 *to support, aid*
meracun 7 *to poison*
meramu 7 *to gather, collect*
merangkap 7 *to also serve as; to double as*
merantau 9 *to go abroad, travel abroad, migrate*
merata 9 *all over*
merawat 1 *to nurture*
merdeka 6 *free;* **kemerdekaan** 5 *independence*
merobah 8 *to change*
mertua 12 *in-laws*
merupakan 1 *is, are; was, were (to be)*
mesjid 2 *mosque*
meskipun 8 *although*
mewujudkan diri 3 *to show itself*
migrasi: bermigrasi 9 *to migrate*
milik: memiliki 3 *to have, possess;* **miliknya** 5 *his own*
mimpi 3 *dream*
misal: misalnya 5 *for example*
mistik 10 *mystics*
mitologi 3 *mythology*
modal 9 *capital*
muat: memuat 6 *to contain*
muda: pemuda 4 *young man;* **pemudi** 4

young woman

muka 1 *in front*; **mengemukakan** 11E *to present*; **dikemukakan** 11 *to be put forward, suggested*

mula: mulai dari 7 *to range from*; **memulai** 1 *to begin*; **permulaan** 6 *the beginning of*

mungkin: memungkinkan 5 *to enable*

murka 3 *anger*

murni 11 *pure*

musim 1 *season*

Muslimin 6 *Muslims*

musyawarah 5 *meeting, conference*

n

namun 4 *however*; **namun begitu** 12 *however, nevertheless*

naskah 6 *manuscript*

negara 1E *country*

negeri 12 *national; of the state*

nenas 1 *pineapple*

nenek moyang 5 *ancestors*

nikah: menikah 12 *to be married*

nilai 6 *value*

nyala: menyalakan 10 *to light*

nyanyi: dinyanyikan 11 *to be sung*; **nyanyian** 6 *songs*

nyata: nyatakan 7E *to state*; **kenyataan** 12 *the reality of, actual*

nyonya rumah 4 *woman of the house*

o

olah: pengolahan 5 *the preparation of*

oleh *by,* used in passive sentences; **oleh karena itu** 1 *because of that*

oleh: memperoleh 1 *to obtain*; **diperoleh** 2 *to be obtained*

orang: *person*; **orang kebanyakan** 12 *the masses; the ordinary people*; **orang tani** 12 *farmers*; **seseorang** 11, 12 *any one person, an individual*

organisasi 6 *organisation*

otomatis 1 *automatic*; **secara otomatis** 1 *automatically*

p

padang rumput 5 *grassed areas, savanna*

pada prinsipnya 12 *in principle*

pada umumnya 1 *generally*

padi 1 *rice (unhusked)*

pahlawan 3 *hero*

pakai: dipakai 4 *to be used*; **pemakai** 12 *user*; **pemakaian** 5 *the use of*

palawija 5 *secondary crops*

paling *the most*; **paling banyak** 1 *the very most*; **paling lambat** 1 *the latest*; **paling sedikit** 1 *at least*; **paling ujung** 2 *the furthest extremity*

palma 6 *palm*

pamong desa 12 *village administrator*

panah 7 *arrow, bow and arrow*

pancing 5 *hook and line*; 7 *fishing tackle*; **memancing** 7 *to fish with a hook and line*

pandai: kepandaian 9 *skill*

pandang: dipandang 4 *to be seen as*; **pandangan** 9 *view*

panen 1 *harvest*; **dipanen** 1 *to be harvested*

panjang: sepanjang 1 *along the length of*

pantai 5 *coast*

pantang 10 *to be forbidden to*; **pantangan** 6 *prohibition*

para 1 collective plural

patrilineal 8 *patrilineal*

patroli 7 *patrol*

parut: parutan 7 *grated*

pasang: memasang 1 *to set*; **pasangan** 7 *pair*

pasti: kepastian 4 *assurance*

patuh *faithful, obedient*; **secara patuh** 12 *faithfully, obediently*

pedagang 9 *trader, merchant*

pedalaman 9 *interior*

pedesaan 11 *villages, rural areas*

pedoman: berpedoman 6 *to be guided by*

pegang: memegang 5 *to hold, control*

pegawai 7 *official*

pegunungan 5 *mountainous*

perkampungan 9 *villages*

pekarangan 12 *plot of land; yard, compound*

peke**rja** kasar 12 *labourers*
pel**abuhan** 4 *harbour*
pel**aksanaan** 10 *the performance of*
pel**apis**an 6 *stratification*
pel**ari**an 4 *elopement*
pel**ayan**an 8 *treatment, service*
pel**bagai** 10 *various*
pelihara: **me**m**elihara** 5 *to raise, take care of, nurture*
pelosok 5 *remote areas*
peluk: **me**m**eluk** 3 *to embrace, adhere to;* **pe**m**eluk** 12 *adherents of*
pem**ain** 11E *player, actor*
pem**akai** (pakai) 12 *the users*
pem**akaian** (pakai) 5 *the use of*
pem**atang** 5 *dyke, bund*
pemb**agian** 8 *the division of*
pemb**akaran** 1 *the fire*
pemb**angunan** 7 *the building of*
pemb**antu** 12 *assistant*
pemb**awa** 3 *bringer, courier*
pemb**ayaran** 4E *the payment of*
pemb**elian** 12 *purchase*
pemb**erian** 4 *the giving of;* 5 *gift, offering*
pemb**icara** 2 *the speakers*
pemb**icaraan** 4 *discussions*
pemeluk (peluk) 12 *adherents of;* **pem**eluk agam**anya** *one's religious affiliation*
pemerintah (perintah) 6 *rule;* 7 *government*
pemimpin (pimpin) 6 *leaders*
pemuda 4 *young man*
pemudi 4 *young woman*
pemuj**aan** (puja) 10 *worshipping*
pemukul (pukul) 7 *those doing the pounding*
pena 6 *pen*
pen**anaman** (tanam) 1E *the planting of*
pen**angkapan** (tangkap) 5 *the catching of*
pen**ari** (tari) 1 *dancer*
pencar: ter**pencar** 9 *isolated;* sangat ter-**pencar** daerah-daerahnya 9 *comprising very isolated areas*
pen**cipta** 3 *creator*
pen**dapat** 2E *opinion*
pen**datang** 1 *immigrants*
pen**dekatan** 4 *approach*
pen**dengar** 11E *listener, audience*

pendeta 10 *priest*
pend**idik** 2 *educator*
pend**idik**an 2 *education*
pend**uduk** 1 *inhabitants*
pend**uduk** asli 1 *original inhabitants*
pend**ukung** 8 *proponents of*
penebangan (tebang) 1 *the felling of*
penelitian (teliti) 6 *investigation*
penempatan (tempat) 7 *the occupancy of*
penganten laki-laki 4 *bridegroom*
pengaruh 2 *influence;* **mempen**garuhi 6 *to influence*
pengedaran *the passing around of* 7E
penger**jaan** (kerja) 1 *the working on*
penggolongan 9 *classification*
penggunaan 5 *the use of*
peng**halang** 2 *partition*
peng**hela** 5 *puller; for pulling*
peng**hidupan** 5 *living*
peng**huni** 1 *resident, occupant*
peng**lipur** lara 11 *story-teller*
pengolahan 5 *the preparation of*
pengumpulan (kumpul) 4 *the collection of*
peninggalan (tinggal) 3 *remnants, remainder*
penonton (tonton) 11E *observer, audience*
pentahbisan 10 *consecration*
penting 1 *important;* ter**penting** 6 *most important;* ke**penting**an 8 *the interests of*
penuh 2 *full;* **me**m**enuhi** 4 *to fulfil*
penukaran (tukar) 7 *an exchange of*
penuntun (tuntun) 10 *opening*
peny**ebaran** (sebar) 6 *the spread of*
peny**elesaian** (selesai) 10 *conclusion*
peny**esuaian** (sesuai) 9 *accommodation, adjustment*
peny**ucian** (cuci) 10 *purification*
pep**erangan** 6 *wars*
perahu lesung 5 *dug-out boats*
peran: ber**peran** 4 *to act, take the role of;* **pe**r**an**an 3 *role*
perang: **pe**p**erangan** 6 *wars;* **Perang Dunia Ke-2** 6 *The Second World War*
per**angkap** 1 *trap*
per**antau** 9 *immigrant, traveller*
per**antauan** 6 *wandering, immigration*
per**asa**an 11 *feelings*

per<u>atur</u>an 6 *rules, regulations*
per<u>aya</u>an 10 *celebration*
per<u>batas</u>an 2 *border, boundary*
per<u>beda</u>an 4 *difference*
per<u>buat</u>an 10 *deed*
per<u>cakap</u>an 11 *conversation*
per<u>campur</u>an 11 *mixture, mixed*
per<u>caya</u>: di<u>percayai</u> 3 *to be believed to be;* **ke<u>percaya</u>an** 3 *beliefs*
per<u>dagang</u>an 9 *trade*
per<u>gaul</u>an 3 *social interaction*
per<u>golak</u>an 9 *disturbance*
per<u>hati</u>an 2 *attention*
per<u>hati</u>kanlah 8 *pay attention to*
per<u>hitung</u>an 10 *calculation*
per<u>hubung</u>an 12 *communication*
per<u>intah</u>: pe<u>merintah</u> 6 *rule;* 7 *government*
per<u>isai</u> 3 *shield*
per<u>istiw</u>a 3 *events*
per<u>jalan</u>an: *trip, journey;* **dalam per<u>jalan</u>an** 7 *on the way, on the trip*
per<u>kawin</u>an 3 *marriage*
per<u>kebun</u>an 9 *plantation, estate*
per<u>kembang</u>an 6 *development, expansion*
per<u>lengkap</u>an 4 *belongings*
per<u>lindung</u>an 4 *protection*
per<u>lu</u>: me<u>merluk</u>an 7E *to need, require;* **ke<u>perlu</u>an** 1 *requirements, needs, purpose*
per<u>main</u>an 11 *the performance of*
per<u>mula</u>an 6 *the beginning of*
per<u>pustaka</u>an 6 *library*
per<u>sam</u>aan 1E *similarity*
per<u>segi</u> 10 *square;* **per<u>segi</u> panjang** 7 *rectangular*
per<u>sembunyi</u>an: tempat per<u>sembunyi</u>an 4 *hiding place*
persen 2 *percent*
per<u>setuju</u>an 5 *agreement*
per<u>syarat</u>an 4 *requirements*
per<u>tahan</u>kan 2E *to defend*
per<u>tam</u>a-tama 12 *at first; at the very beginning*
per<u>tambang</u>an 9 *mining*
per<u>tani</u>an 3 *agriculture*
per<u>temu</u>an 7 *meeting*
per<u>tengah</u>an 9 *the middle of*

per<u>tukang</u>an 9 *craftsmanship*
per<u>tukar</u>an 8 *exchange*
per<u>tumbuh</u>an 1 *the growth of*
per<u>ubah</u>an 6E *the change in*
per<u>unding</u>an 4 *negotiations*
perut 8 *stomach*
per<u>wujud</u>an 3 *realisation, materialisation*
pe<u>sawah</u>an 5 *areas of wet (irrigated) rice cultivation*
pe<u>sert</u>a 11E *participants*
pesta 4 *party*
pe<u>tani</u> 5 *farmers*
pe<u>ternak</u>an 5 *the raising of livestock*
petir 3 *thunder*
pe<u>tunjuk</u> 3 *instructions, advice*
pihak 4 *party, side, faction*
pilih: di<u>pilih</u> 8 *to be chosen*
pimpin: di<u>pimpin</u> 8 *to be led by;* **pe<u>mimpin</u>** 6 *leader*
pinang 1 *betel nut, areca nut*
pindah 8 *to transfer*
pisah: me<u>misahk</u>an 8 *to separate*
pisang 1 *banana*
pokok 2 *main*
pola 8 *pattern*
polisi *police;* **ke<u>polisi</u>an** 12 *policing*
pos 7 *post*
potong: m e<u>motong</u> 5 *to cut*
prasarana 6 *infrastructure*
pria 4 *man*
pribumi 3 *indigenous*
prinsip: <u>prinsip</u>nya 12 *the principle*
propinsi 1 *province*
prosa 10 *prose*
prosedur 4 *procedure*
proses 7 *process*
Protestan 3 *Protestant*
puasa 12 *fast*
puisi 10 *poetry*
puja: me<u>muja</u> 3 *to worship;* **pe<u>muja</u>an** 10 *worshipping*
pukul: me<u>mukul</u> 7 *to pound;* **di<u>pukul</u>** 7 *to be beaten;* **pe<u>mukul</u>** 7 *pounder*
pula 1 *also, as well*
pulau 1 *island;* **ke<u>pulau</u>an** 4 *archipelago;* **Pulau Irian** 4 *New Guinea*
pundak 8 *shoulder*

punya: mempunyai 2 *to possess*; **kepunya-an** 2 *possessed by*
pupuk 1 *fertiliser*
pura 10 *Balinese temple*
pusat 7 *central*
pustaka: perpustakaan 6 *library*
putus: diputuskan 5 *to be resolved, agreed to*; **keputusan** 6 *decision*

r

racun 1 *poison*; **meracun** 7 *to poison*
ragam 3E *type*
raja 2 *king*; **kerajaan** 6 *kingdom*
rajin 5 *industriously*; 9 *diligent*
rakyat 6 *people, citizens*
ramas: diramas 7 *to be kneaded*
rambut 3 *hair*
ramu: meramu 7 *to gather, collect*
rangka 7 *frame*
rangkai: rangkaian 6 *series*
rangkap: merangkap 7 *to also serve as; to double as*
rantau: merantau 9 *to go abroad, travel abroad, migrate*; **perantau** 9 *immigrant, traveller*; **perantauan** 6 *wandering, immigration*
ranting 1 *twigs*
rapi 7 *neatly*; **serapi mungkin** 7 *as closely as possible*
rasa: dirasakan 3 *to be felt, appreciated*; **perasaan** 11 *feelings*
rata: merata 9 *all over*
rawa 7 *swamp, marsh*
rawat: merawat 1 *to nurture*
raya: perayaan 10 *celebration*
regu 7 *team*
rekonstruksi 6 *reconstruction*
religi 3 *religion*
rencana 4 *plan*
resmi 4 *official*
revolusi 9 *revolution*
ribu: beribu-ribu 10 *thousands of*
ringkas 2E *brief*
robah: merobah 8 *to change*
roh 3 *spirit*
roman 6 *novel*

rotan 7 *rattan*
roti bakar 7 *toasted bread*
ruang: ruangan 7 *room*
rukun 12 *principles, rules, tenets*
rumah *house*; **rumah tangga** 1 *household*; **berumah tangga** 5 *to have a household; to set up house*
rumpun bahasa 2 *language family*
runcing: diruncingi 1 *to be brought to a point*
runding: perundingan 4 *negotiations*
rupa: merupakan 1 *is, are; was, were (to be)*; **berupa** 10 *is; to take the form of*; **rupanya** 3 *appears to be*; **serupa** *similar*; **menyerupai** 8 *to resemble*
rusa 1 *deer*
rutin 2 *routine, everyday*

s

saat 3 *time*; **saat ini** 2 *at the present time*
sabar 8 *patient*
sabit 5 *sickle*
sabut 8 *coconut husk*
sagu 7 *sago*
sah: disahkan 12 *to be legalised, ratified*
saji: bersaji 10 *with offerings of food and flowers*; **sajian** 10 *religious offering*
Saka: Tahun Baru Saka 10 *Javanese New Year*
saksi: menyaksikan 11 *to witness*; **disaksikan** 3 *to be witnessed, seen*
sakti 3 *divine power*; **kesaktian** 3 *supernatural, divine powers*
salah satu dari 1 *one of*
saling 2 *respectively, each other*
salur: saluran 2 *canal, channel*
sama: bersamaan 10 *together with*; **persamaan** 1E *similarity*; **kesamaannya** 8 *its equivalent*; **sama sekali** 8 *at all*
sambung: disambung 6 *to be followed by*
sang 11 *honorific particle*
sangkut: menyangkut 9 *to touch upon*; **bersangkutan** 3 *to be under consideration; to be relevant*
Sanskerta 6 *Sanskrit*
sapi 5 *cow*

saran: dis**aran**kan 4 *to be proposed, suggested*

sastra: seni sastra 11 *literature*; **kesu**s**aster**aan 6 *literature*

satu: bers**atu** 2 *to be joined*; **ke**s**atu**an 5 *unit*; **satu sama lain** 2 *one to the other; each other*

saudagar 2 *merchant*

saudara 4 *brother, sister*; **saudara perempuan suami saudara perempuannya sendiri** 8 *one's brother-in-law*; **anak saudara perempuan** 8 *niece*

sawah 2; **sawah padi** 5 *wet (irrigated) rice fields*; **pe**s**awah**an 5 *areas of wet (irrigated) rice cultivation*

sayur *vegetables*; **sayur-mayur** 7 *various kinds of vegetables*

sebab: men**yebab**kan 3 *to cause*; **disebab**kan 2 *because of, due to*; **sebab**nya 4 *the reason for it*

sebagai 1 *as*

seb**agaimana** 8 *as is*

seb**again**ya 1 *and the like*

seb**agian** besar 1 *a large part*

seb**alik**nya 3 *on the other hand; on the contrary*

sebar: men**yebar** 5 *to spread*; **tersebar** 2 *is spread, dispersed*; **pe**n**yebar**an 6 *the spread of*

seb**aya** 12 *the same; an equal*

seb**enar**nya 1 *actually, in reality*

seberang lautan 9 *overseas*

seb**uah** 3 *a* (numerical classifier)

sebut: men**yebut** 2 *to call*; 11 *to mention*; **disebut** 1 *to be called*; **tersebut** 1 *those; the aforementioned*; **sebut**kan 1E *to mention*

sec**ara** 1 *in a particular way, manner, by way of*; **secara administratif** 12 *administratively*; **secara ber**t**ingkat** 12 *hierarchical, stratified*; **secara garis besar** 8 *generally, broadly speaking*; **secara historis** 8 *historically*; **secara men**d**alam** 6 *in depth*; **secara men**d**atar** 12 *superficially, in general*; **secara otomatis** 1 *automatically*; **secara patuh** 12 *faithfully, obediently*; **secara resmi** 3 *officially*; **secara ringkas** 2E *briefly*; **secara sukarela** 1 *voluntarily*

sedang 12 *to be in the process of*

sedang: sedangkan 2 *whereas*

sed**apat** mungkin 8 *as far as possible*

sederhana: dis**ederhan**akan 6 *to be simplified*

sedia: ters**edia** 5 *ready, prepared; has been in existence*

segala 3 *all of*

segera: ses**egera** 5 *as soon as*

segi 7E *viewpoint, aspect*; **per**s**egi** 10 *square*; **per**s**egi** panjang 7 *rectangular*

seh**ari-hari** 2 *daily, every day*

sehat: kes**eha**tan 2 *health*

seh**ingga** 1 *so that*

sejahtera: kes**ejahter**aan 12 *well-being*

sej**ajar** 7 *in parallel rows*

sejarah 2 *history*; **Sejarah Melayu** 2 *Malay Annals*

sek**elompok** 12 *a group*

sekitar: di sekitar 1 *around, in the surroundings*

sek**umpul**an 10 *group*

sel**ain** 1 *besides*

sel**ain** daripada itu 5 *besides that*

sel**ama** itu 1 *for (a length of time)*

selang: dis**elang** 11 *interspersed*

sel**anju**tnya 1 *subsequent*; 12 *furthermore*

seleksi 6 *selection*

selenggara: men**yelenggar**akan 10 *to perform*

selesai 1 *completed, finished*; **pe**n**yelesai**an 10 *conclusion*

sel**uas** 8 *the extent of*

seluruh: 3 *all of*; **seluruh**nya 1 *all of that*; **ke**s**eluruh**an; 8 *the totality of, the whole of*

semak 1 *undergrowth*

semalam suntuk 11 *the whole night*

semat**a-mata** 2 *only, primarily, clearly*

sembilan: kes**embilan** 10 *ninth*

sembunyi: pers**embun**yian 4 *hiding place*

sempit 10 *narrow*

senang: kes**enang**an 2 *recreation*

senantiasa 3 *always*

seni *arts*; **seni sastra** 11 *literature*; **seni**